L'ÉTRANGÈRE

NEDIM GÜRSEL

UN LONG ÉTÉ À ISTANBUL

NOUVELLES

TRADUIT DU TURC PAR
ANNE-MARIE TOSCAN DU PLANTIER
ET ZEYNEP TOLGAY-BOZDEMIR

PRÉFACE D'ÉTIEMBLE

L'ÉTRANGÈRE
GALLIMARD

Titre original :

UZUN SÜRMÜŞ BIR YAZ

Nedim Gürsel est né en 1951 en Turquie. Il a publié très tôt des nouvelles dans des revues littéraires. Après son baccalauréat obtenu au lycée de Galatasaray d'Istanbul en 1970, il poursuit ses études à Paris où il soutient, en 1979, sous la direction d'Étiemble, une thèse de doctorat en littérature comparée.

Son premier récit, *Un long été à Istanbul* (Gallimard, 1980), traduit en plusieurs langues étrangères, a obtenu, en 1976, la plus haute récompense littéraire turque.

Par ailleurs, il a publié plusieurs recueils de nouvelles, de nombreux ouvrages d'essais critiques et une importante étude sur la poésie de Nazim Hikmet. Son roman *La première femme* (Le Seuil) est paru en 1986. La même année il obtint le prix Ipekci pour sa contribution au rapprochement des peuples grec et turc. Le prix de la meilleure nouvelle lui a été décerné en 1990 par Radio France Internationale et l'Agence de Coopération Culturelle.

Il vit actuellement à Paris où il est chargé de recherche au C.N.R.S. et chargé de cours à la Sorbonne. Ses livres sont traduits dans une dizaine de langues.

PRÉFACE

Depuis que Mme Guzine Dino élucida pour les lecteurs de langue française la Genèse du roman turc au XIXe siècle, *ceux-ci ont eu la chance de découvrir qu'au XXe siècle, malgré les vicissitudes souvent cruelles de l'histoire, ce roman se porte assez bien : voyez ou revoyez* Sur les terres fertiles *de feu Orhan, et ce Yachar Kemal qui s'imposa dès* Mèmed le Mince, *pour confirmer ensuite, par plusieurs autres œuvres, dont la* Légende des mille taureaux, *l'autorité qu'il s'était acquise d'emblée. Un peu plus tard, fin 79,* L'Espadon *d'Osman Necmi Gürmen me toucha parce que, sans la moindre emphase ou partisanerie, il contait comment les bétonneurs de plages pour touristes précontraints avaient su ruiner la vieille fraternité qui associait au paysan turc Kâni, Yanni le pêcheur grec. Parce que deux fois en cinq ans j'avais pu observer en Crète l'effet délétère de ce complot des « promoteurs » et autres « tour operators », ces joueurs de mauvais tours (au nom bien franglais qui trahit l'intention pourrisseuse : tout pour le fric et que crève la Crète!),* L'Espadon *m'éclaira le drame chypriote et me fit comprendre pourquoi, quand je prétendais me régaler d'une darne de ce poisson, l'on ne me proposait en 79 que du congelé, et cela au bord de la mer, dans le meilleur restaurant paraît-il qu'on pût fréquenter au port d'Hagios Nikolaos.*

Nous savons enfin, dans notre France chauvine et provinciale, que la littérature de la Turquie, ni les divans arabo-persans ne l'épuisent, ni même la poésie nationale, populaire et marginale, la meilleure : celle de Yunus Emré, désormais elle aussi accessible grâce à Guzine Dino et Marc Delouze; ni non plus celle de Nazïm Hikmet, favorisé de la prison pour son talent, et condamné à mourir en exil.

Après Yachar Kemal, après Osman Necmi Gürmen, voici un autre Turc qui fera quelque bruit chez nous : Nedim Gürsel.

Le 30 avril 1976, Magaly Morsy le présentait ainsi aux lecteurs de Jeune Afrique : *« Un regard bleu naïf, une allure frêle en dépit de la barbe qui lui mange le visage et des vêtements sibériens qu'il affectionne, tel paraît Nedim Gürsel, jeune écrivain turc que précédait déjà une réputation nationale, lorsqu'il se mit modestement, il y a trois ans, sur un banc d'étudiant à la Sorbonne. »*

De fait, il avait alors écrit plusieurs des nouvelles qu'on va lire : Le Pain perdu, La Cour, Gruau Palace, *sans compter plusieurs autres, de la même veine et de la même qualité, qui ne figurent pas dans ce recueil-ci. Quand il écrivait ce* Pain perdu, *en turc* Cicipapa *(prononcez* djidjipapa*), ce mot dont les enfants de là-bas désignent leurs beignets, et qui pour moi évoque les* chichis *de Provence et* la barbe à papa, *Nedim Gürsel n'avait que dix-huit ans. Deux ans plus tard, c'était* La Cour, *où s'affirme et s'affine encore le talent. La maîtrise à vingt ans! Mais voici 1971, le trop fameux* Mémorandum des généraux, *euphémisme pour : tyrannie soldatesque.*

Par bonheur, au lycée d'Istanbul, le jeune Nedim Gürsel avait étudié le français, qu'enseigne d'ailleurs sa mère, et s'était signalé à son professeur, mon ami Denis Kohler, actuellement en poste à l'Université d'Athènes, comme l'élève qui mérite toujours 20 sur 20. « Le fort en thème, quoi! la bête à concours! l'imbécile docile! » se récrieront ici ceux qui croient que tout bon élève est un crétin ou le sera : ceux-là mêmes qui se réclament outrancièrement de Rimbaud, mais ne veulent pas savoir qu'il était lauréat du concours général...

Sitôt que je le repérai à mon séminaire, ce Turc barbu (j'avais deux Turcs, cette année-là), ce fut pour moi le coup de foudre : son mémoire sur Nazïm Hikmet me parut vraiment de maîtrise, *et j'osai le soumettre à un grand éditeur. En vain, cette fois-là. Un jour, il sortira, je le parierais, pour manifester l'intrusion et l'inclusion dans une œuvre pourtant « marxiste » et même assez orthodoxe, de thèmes et de formes heureusement dérobées à la culture populaire : on y découvrira le premier travail qui vaille sur le meilleur poète de la Turquie au XXe siècle.*

Après quoi, Nedim Gürsel, qui ne m'avait jamais parlé de ses œuvres d'écrivain, me demanda de diriger son doctorat de 3e cycle. Il traiterait de Modernité et tradition dans les poésies contemporaines (française et turque) : *analyse comparatiste d'Aragon et de Nazïm Hikmet.*

Nouvel exploit, que le jury unanime — Mme Melikoff, M. Bazin et moi-même — souhaitait assortir de félicitations officielles, mais le règlement de la Sorbonne nouvelle nous imposa de ne les inscrire qu'à titre officieux. Surtout, surtout, ne jamais signaler le mérite exceptionnel (sauf chez les athlètes bourrés de drogues)! N'est-ce point le fin du fin de la démocratie : l'égalité parfaite? N'est-ce pas plutôt le commencement de sa fin?

Malgré ce zèle dont il fignolait ses travaux sorbonnards, Nedim Gürsel enrichissait son œuvre d'essais critiques publiés dans les meilleurs périodiques de son pays : Yeni Dergi, Yeni Ufuklar, May, Milliyet Sanat Dergisi, Dilbilim, Birikim, Varlik, *etc., ce qui ne l'empêchait pas, l'heureux homme, l'écrivain-né, de composer les deux longues nouvelles qui ouvrent ce recueil et lui donnent son titre :* Un long été à Istanbul. *Nouvelles qu'il n'eût assurément pas écrites sous cette forme sans l'expérience qu'il faisait de la vie en France, sans ses lectures d'esprit curieux de tout. L'un des principaux personnages, étudiant qui tâtonne vers l'écriture, ne séjourne-t-il pas en province, à Poitiers. S'il traduisait en même temps Leopold Sedar Senghor, dont je ne pense pas qu'il partage la foi ou l'idéologie, c'est que la poésie compte pour lui autant que la nouvelle; c'est également qu'il est de ceux qui savent que, pour un écrivain, peu de gymnastiques intellectuelles sont aussi profitables que de belles traductions (on lui doit encore la version turque d'une nouvelle de Richard Rive sur l'*apartheid, *et celle du* Grand voyage *de Semprun).*

Universitaire, critique, nouvelliste, épris de poésie comme de traduction, Turc assurément, à peine moins cosmopolite, le voilà sommairement situé : à cheval sur deux cultures et qui, à peine âgé de trente ans, peut se prévaloir d'exceller en tout ce qu'il entreprit. Chacun de ses articles fait du bruit dans son pays. Écrivain irrépressible, qui reconnaît que l'écriture lui est « une forme d'existence à laquelle [*il ne peut*] *renoncer », encore qu'il ait écrit, dans un ouvrage collectif publié en 1979 : « Au premier contact avec Étiemble, de ma féerie littéraire, il ne resta plus rien. Fasciné par les idées qu'il allait développer plus tard dans ses* Essais de littérature (vraiment) générale, *je remis tout en cause y compris ma prétendue qualité d'écrivain. »*

Admettons qu'il se soit alors remis en cause. Il ne sera pas dit que j'ai privé la Turquie d'un de ses meilleurs écrivains puisque ce rude lapin allait courir deux lièvres à la fois : sa thèse de troisième cycle, soutenue en 1979, et ses longues nouvelles, Un long été à Istanbul, *que distingua l'Académie de langue turque, en lui décernant son prix (1976). Il est vrai que c'est une des rares institutions officielles qui soient là-bas recrutées parmi les têtes pensantes, plutôt que parmi les bedaines bien-pensantes. De plus, deux autres ouvrages sortaient en 1978. Le premier étudiait* l'Épopée du Cheikh Bedreddine, *de Nazïm Hikmet, et situait ce soufi hérétique dans la société ottomane du XVe siècle. Épuisé sur-le-champ. Le second,* La littérature contemporaine et la culture, *rassemblait vingt-trois essais, dont les uns traitent des lettres turques, les autres des lettres françaises : Ronsard, Sand, Aragon, Barthes, le Surréalisme, ou de la linguistique selon Saussure, etc.*

L'Académie de langue turque s'est donc honorée en discernant, dès son premier ouvrage, un écrivain de cette qualité. Plus encore, en couronnant un mal pensant, un homme qui voit le monde comme il va, et le dit : « Lorsque la société est en pleine mue, elle ébranle également les esprits. Il est impossible de ne pas se laisser séduire par l'appel du radicalisme, de l'extrémisme. » N'était-ce point déjà l'avis de Maurice Barrès : « Je pense peu de bien des jeunes gens qui n'entrent pas dans la vie l'injure à la bouche. Beaucoup nier à vingt ans, c'est signe de fécondité. » A trente ans, il ne suffit plus de nier. C'est le cas de Nedim Gürsel, qui ne confond pas les lois du genre narratif et les impératifs catégoriques du partisan. N'attendez pas de cet homme « de gauche » une idéologie qui éructe des oukazes en quelque langue aussi râpeuse qu'os de seiche. Mais n'attendez pas de lui la moindre complaisance pour les bourreaux des peuples ou les affameurs de gosses.

« C'est ainsi que j'ai terminé à Poitiers mon récit », écrit dans cette ville un de ses « personnages », ou plutôt un de ses hétéronymes : « En sachant combien ma sensibilité était vaine, à l'opposé de leur courage face à la mort. » Ce qui me semble sous-estimer la force, parfois, et l'efficace historique d'un homme aux nerfs fragiles : « rabbit nerves », *disait de*

soi T. E. Lawrence. Ailleurs, il est vrai, Gürsel rend justice à cette fonction de l'écriture, à cette valeur de « la magie des mots pour juger le passé et pouvoir comprendre la tragédie d'une génération », la sienne, en l'espèce. Mais ne reprochons point au critique Nedim de surveiller sans faiblesse le nouvelliste Gürsel, lui épargnant ainsi les erreurs de l'orthologie. Contre quoi le prémunit d'autre part l'enfant qu'il fut, dont il reste le fidèle héritier, et qui imprègne ses nouvelles d'un je ne sais quoi qui n'est qu'à lui et qui, pour dénoncer la tyrannie, sait imaginer des histoires où domine la sensibilité d'un poète.

« L'enfance, paradis perdu, non seulement pour moi, disait-il à Magaly Morsy, mais pour la plupart d'entre nous, est repensée en fonction de l'oubli qui me hante et auquel je tente d'échapper. » Ne craignez rien, cher Gürsel : l'enfance est là, partout présente, partout latente. Surtout dans les trois dernières nouvelles de ce recueil, choisies parmi vos six ou sept premières. Cette vie de province qu'il subit, observa, scruta si attentivement, au sud-ouest de son pays, la voici restaurée, revécue pour nous qui n'en connaissions presque rien, avec partout la présence obstinée, obsédante, d'une mère ou d'une mère-grand. Cette inoubliable grand-mère de La Cour, *déjà célèbre à Istanbul, Izmir, Ankara, est en fait le poème de sa véritable grand-mère. Dans ce huis clos de* La Cour : *un père qu'abrutit une besogne d'état civil (et de police peut-être; en tout cas : abrutissante); une mère, fille du chef de gare d'une petite halte perdue, perdue elle aussi dans cette cour, cependant qu'éperdue erre la folle, qui signifie à sa guise un refus de cette société (l'iniquité même), refus qu'illustre la mythique grand-mère dont la paralysie et la mort symbolisent la paralysie et la mort qui menacent un pays harcelé, martyrisé par des soudards. Or, dans chacun de ces trois textes, à l'aïeule répond un enfant dont, par diverses confidences de Nedim*

Gürsel (l'une à Jeune Afrique, *l'autre à un quotidien turc), nous savons qu'il doit plus qu'un peu à l'enfant qu'il avait été : ne lui arrivait-il pas de rester des journées entières à considérer sa grand-mère paralysée? S'il a voulu qu'elle tentât vainement de réciter la prière de Jonas dans le ventre de la baleine, c'est qu'il entendait incarner en elle la souffrance* indicible *de tous ces humains claustrés ou prisonniers. Or qu'était alors la Turquie de ces années-là, sinon un immense huis clos? Ce que confirmerait pour moi le* tekerleme *du* Pain perdu, *et la chanson de mère-grand qui, à l'intention de l'enfant formé à l'école kémaliste, laïcisée, tente de ressusciter la poésie de l'alphabet arabe, comme les* nursery rhymes *animent pour un petit Anglais la séquence des nombres entiers :*

One two
buckle my shoe.

Three four
shut the door.

Five six
Pick up sticks.

etc. Quant au tekerleme, *il prouve que Nedim Gürsel n'est pas moins que Nazïm Hikmet attaché viscéralement aux formes populaires de la littérature anatolienne. Cette sorte de comptine, cet alphabet poétisé révéleront sans doute au lecteur attentif que la nouvelle en question évoque en fait les nostalgies d'enfance d'un presque adulte englué dans sa solitude, dans la solitude aujourd'hui de tant d'hommes. C'est pourquoi bien des Turcs se sont reconnus dans la grand-mère de* La Cour. *Reste que cet univers clos n'est pas celui du désespoir sans issue : un espoir y luit, aussi fragile, aussi prometteur que chez Verlaine le « brin de paille dans l'étable ». Mais chez Gürsel, c'est un espoir, sans plus; un espoir d'homme; rien de commun avec la vertu théologale d'Espérance. Que l'enfant turc joue aux billes, qu'il s'endorme souriant à la pensée de sa grand-mère, qu'il abandonne sa mère endormie, image quasi onirique de la mort sur quoi s'achève le huis clos de* Gruau Palace, *et parte seul dans la nuit, sous la neige, vers l'odeur des algues, vers la mer et la liberté, l'enfant de Nedim Gürsel, l'enfant Nedim Gürsel, c'est bien le passé d'un avenir à reconstruire.*

Homme libre, toujours tu chériras la mer...

on voit bien que Baudelaire n'a pas dérivé deux cents jours durant une guerre sur un radeau perdu dans le Pacifique. Et plus d'un petit mousse qui s'était embarqué en fin de fugue libertaire se retrouva un peu plus tard à l'hôpital, l'anus et le rectum déchirés par la fureur sodomite des matelots auxquels il avait dû se soumettre. La liberté que prônent les tyrans, et dont ils gavent leurs esclaves, ressemble à celle de ces marins forcés. Si délibérément que Gürsel ait fait son choix, il est trop intelligent, trop généreux, pour se leurrer; pour feindre que la liberté soit donnée *à ceux-là mêmes qui abandonnent le miteux abri du* Gruau Palace *ou qui, par un choix délibéré de classe, désertent l'aisance, le confort, le conformisme, optant du coup pour un exil : intérieur, celui de la clandestinité; extérieur, celui de l'émigration; intérieur-extérieur, celui de l'écriture. Apre, très âpre, le combat pour la liberté; souvent égaré en terrorisme, en contre-conformisme. Cette problématique s'exprime fiévreusement dans les deux nouvelles qui ouvrent ce volume et lui donnent son titre : Istanbul y revit ces années sordides et périlleuses. Ne craignez pourtant pas le réalisme socialiste, avec sa cohorte de mannequins « positifs », à quoi correspond son troupeau de pantins « négatifs », le tout avec intrigues à la Delly, mais inverties ou perverties. N'attendez ni récit platement linéaire ni suspens à la Hitchcock. Fragments du journal intime de Selim; rencontre de cette Nilgune que broya, sans la vaincre, la torture; lettres de Poitiers où l'étudiant Oghouz ébauche un roman qui se défait; rêveries; retours en arrière, s'associent aux évocations les plus nues des prisons, les plus dures des asiles psychiatriques, du « caveau », de toute cette bourrellerie qui sévit aujourd'hui partout.*

Comme chez tout écrivain qui compte, l'œuvre se noue donc à ce point de douleur exquise où l'histoire de tous s'insère dans la sensibilité d'une conscience privilégiée. Impossible par conséquent de bien lire Gürsel sans recours simultané à cette socio-critique, à cette psychanalyse qui révulsent encore nos « belles âmes », nos futurs bourreaux. Peut-être alors démêlera-t-on pourquoi un écrivain si convaincu que certaines valeurs ne seront vécues (le seront-elles jamais?) qu'à l'issue d'un long et malaisé combat qui requiert la solidarité, ne semble pas pouvoir échapper à quelque lancinante et parfois déchirante solitude. Que la solitude étouffât les humains mis en scène dans les premières nouvelles composées par Gürsel, rien de plus naturel. Plus surprenante assurément, quand elle resurgit dans la conscience des plus courageux, voire des plus téméraires parmi les militants? Mais si l'on se rappelle ce que les plus durs résistants confient sur leur solitude au milieu même d'un réseau qui jamais n'est à l'abri de la faiblesse d'un torturé, de la duplicité d'un faux-frère, on comprendra Nedim Gürsel, et que ces solitudes débouchent presque toutes sur l'obsession de cette mort qui les guette, les menace, et souvent les engloutit : « Ces longs jours d'été interminables que nous sommes en train de vivre après l'oppression parachèvent une seule image : celle de la mort. La mort qui s'étale en nous comme une tache brûlante laissée par le soleil. »

La prison, l'exil, Nazïm Hikmet, si cher à Nedim Gürsel, en connut long là-dessus. Sabahattin Ali mourut assassiné. Et voici qu'en avril 80 tombe à son tour Umit Kaftancioglu, écrivain coupable de libéralisme.

Nous survivons, pour combien d'années?, dans un temps où l'informatique et les manipulations génétiques préparent un immense Goulag, un immense Lager. Autant et peut-être plus que jamais dans l'histoire, les « chefs d'État » haïssent plus que tout les universitaires, les journalistes libres, et les écrivains soucieux de vérité. Quiconque pense est hérétique, Bossuet l'avait dit; Bossuet avait raison; l'Église d'autre part confirmait qu'il en fallait, de ces gens-là, pour donner pâture aux flammes des bûchers : oportet et haereses esse. Nos religions totalitaires ne reconnaissent même plus le droit à la « dissidence », néologisme superflu pour « hérésie ». Lou Siun le savait, l'écrivait (lui que les maos de Chine et de chez nous ont impudemment prétendu s'annexer pour justifier leur barbarie) : « L'homme d'État déteste l'écrivain, car l'écrivain sème la contestation; ce dont rêve l'homme d'État, c'est de pouvoir empêcher les gens de penser, et aussi accuse-t-il toujours les artistes et les écrivains de jeter le trouble dans la bonne ordonnance de l'État. »

J'achève cet hommage à l'écrivain Nedim Gürsel : c'est aujourd'hui, le 2 mai 1980. Hier, la Turquie célébrait sa « Fête du printemps ». A cette joyeuse occasion, les autorités d'Ankara avaient interdit toute manifestation qui pût laisser entendre que, dans la plupart des pays encore libres, on chôme ce jour-là pour honorer les travailleurs. Coupables d'avoir enfreint la consigne, occupé divers établissements universitaires, lycéens et professeurs ont payé cher (blessures, arrestations) le sens qu'ils entendaient donner à ce

Cham el Nessim, *à ce souffle du printemps. « Docteur Nedim Gürsel, gardez-vous à droite! Écrivain Nedim Gürsel, gardez-vous à gauche! » Néanmoins, cher Gürsel, continuez à mettre au point l'assez grand type que vous êtes. N'ayons pas peur ici de la bonne paronomase hugolienne : solidaire et solitaire, c'est votre lot; c'est le meilleur. Faites confiance à votre aîné, à ce Yachar Kemal qui désigne en vous un de ceux sur qui les lettres turques désormais doivent compter; un de ceux avec qui devront compter, où qu'ils sévissent, les barbouzes : poètes de cour, romanciers courtisans, etc.*

Étiemble

N. B. Si j'écris Nazïm Hikmet, c'est pour rendre – à la française – les deux séries de voyelles turques. Notre alphabet ne comportant pas d'*ı* sans point, j'ai choisi d'en mettre deux à Nazïm.

Un long été
à Istanbul

SOUS LE PONT

« L'été sans doute sera long. » Je ne me souviens pas très bien, Métine a peut-être été le premier à prononcer ces mots, mais il est possible qu'avant mon retour, cette pensée m'ait traversé l'esprit un soir où, assis tout seul dans un café, je regardais les nuages à travers la vitre. Certes Métine ne s'intéresse pas plus au futur qu'à l'instant présent. D'ailleurs il s'abstient toujours de porter des jugements aussi définitifs. Plus exactement, il écarte de son champ d'intérêt tout fait qui n'aurait pas d'écho immédiat dans son propre univers, même s'il s'agit d'une réalité aussi triviale que les saisons. Par exemple, il avait dit un jour : « On dirait que c'est l'hiver, la neige va recouvrir les taches de sang. » Nous étions assis sur le balcon d'Aïché dominant la place de Taksim. Il faisait beau, mais le soleil était encore pâle. Le printemps commençait à peine. Sans vraiment nous parler, nous regardions en bas grouiller la foule. Personne n'avait attaché d'importance aux paroles de Métine. Dans ce genre de réunion, citer un vers de mémoire, en improviser un, énoncer une idée à voix haute, était courant au point d'en devenir insipide pour la plupart d'entre nous. J'étais debout à l'une des extrémités du balcon. Métine s'était approché de moi, et avait dit après avoir contemplé la place : « Il n'y a plus personne! Sous la neige seuls pousseront les cheveux et les ongles des morts. » Offrant mon dos au soleil, je m'efforçais d'oublier mes nuits blanches d'hiver, le froid de ma chambre, de mon lit. Je n'avais aucune envie de m'intéresser à la vision que Métine avait de l'hiver. Le printemps était arrivé, les jours se faisaient plus longs. De ma place, je pouvais voir la mer, et même les ruelles s'enroulant au loin comme des serpentins. La ville était en pleine lumière. Le grondement des voitures sur la place emplissait la pièce par la porte ouverte du balcon. Il n'y avait là rien que la neige pût recouvrir. J'avais pensé que Métine, au lieu d'établir comme moi une relation simple et sans détour avec le réel, commençait l'un de ses poèmes oniriques détachés de l'avenir et de notre présent. Il m'avait demandé après un long regard : « Te souviens-tu du Dimanche Sanglant [1]? » Revivre les souvenirs associés au Dimanche Sanglant n'aurait rien changé. J'avais brièvement répondu « Je me souviens du Dimanche Sanglant. » Décidément, il me paraît plus vraisemblable d'avoir été le premier à penser que l'été serait long cette année. Mais Métine a bien pu tenir jadis un propos semblable, tout aussi intempestif. Comment expliquer alors que je me sois souvenu dans un café de ces paroles anodines, enfouies depuis longtemps dans un coin de ma mémoire, et qui ne m'avaient pas du tout marqué? Pendant les deux années de mon séjour à Paris, j'ai très peu fréquenté les cafés. Les rues étaient plus belles. Je retrouvais mes amis dans les jardins ou devant les cinémas. Même si la pluie nous surprenait, plutôt que de nous réfugier dans un café, nous allions chez l'un d'entre nous, ou plus souvent encore, nous attendions sous un porche. Après la pluie, il faisait bon marcher sous les arbres mouillés. Une fraîcheur apaisante frappait les visages. Aussi je ne crois pas avoir pu

1. Le dimanche 16 février 1969 eut lieu une manifestation anti-américaine à Istanbul, qui fit de nombreuses victimes. *(N. d. T.)*

établir de relation directe entre l'été et ce café parisien tout à fait banal où je me trouvais par hasard. Car l'été a une résonance bien réelle dans ma mémoire. J'ai passé mon enfance dans une bourgade de la steppe. Je me souviens très bien du soleil sur l'aire de battage, de la terre craquelée, des étoiles emplissant soudain le vide à la nuit tombante. En août, il faisait chaud. J'entends encore le bruit de l'eau jetée sur les murs des maisons en pisé. Surtout la nuit, seul dans ma chambre. Parfois, dans une rue obscure, j'entends ce même bruit à l'approche du soir quand les réverbères ne sont pas encore allumés. Un bruit rafraîchissant comme l'ombre du platane, mais néanmoins âpre, porteur de traces indécises de mort. L'après-midi, ma grand-mère lavait les dalles de la cour. Un seau renversé, l'eau s'évaporant dans la chaleur d'août. Mais la fraîcheur venait avec la nuit. Les gens de chez nous le savaient bien. Sous le soleil brûlant, ils jetaient de l'eau contre les murs des maisons et c'était seulement la nuit venue qu'ils étendaient des kilims[1] sur les dallages pour s'y asseoir. Il y avait dans l'air une odeur intense de foin rappelant la chaleur de la steppe. On n'allumait pas les lampes de peur d'attirer les moustiques; on ne parlait pas beaucoup. Mon frère et moi regardions le ciel, la nuit d'été étoilée. Curieusement, les étoiles paraissent plus proches lorsqu'on les regarde de la terrasse d'une cour, assis sur un kilim déroulé. La nuit est plus lumineuse. Nous nous demandions s'il y avait dans le ciel assez d'étoiles pour remplir tous les puits de la terre. Ma grand-mère racontait la guerre de 1893 et les jours fabuleux d'autrefois. Je me souviens parfaitement de tout cela, même de la couleur de la Voie Lactée. Mais ces images, dans ma mémoire, sont comme des photos voilées. Silencieuses, immobiles. L'unique bruit surgissant de ces jours semblables à des

1. Tapis anatoliens, non pas noués, mais tissés. *(N. d. T.)*

aquarelles, est celui de l'eau jetée sur les murs en fièvre. Qu'après tant d'années, j'entende d'aussi près ce bruit associé à une illusion de fraîcheur, est dû sans doute à une habitude datant des longs étés de mon enfance. Pourtant, dans le café où j'étais assis, il n'y avait rien qui fût tourné vers mon passé. C'était un petit café solitaire. Il se dressait comme une île au milieu du large trottoir. Installé devant un guéridon, je regardais les gens passer devant moi. La foule, longeant les vitrines éclairées, déferlait vers les places où s'amplifiait la rumeur de la ville. De ma place je ne pouvais guère distinguer les visages. Ce que je voyais : des traits fatigués, un tas de visages se ressemblant tous mais ayant chacun, malgré tout, son caractère propre. De l'autre côté de la vitre, le soir tombait doucement. J'étais dans un aquarium, loin du monde comme le poisson tout au fond. Je ne pensais à rien. Puis j'ai levé la tête vers le ciel. Les nuages s'éparpillaient au gré du vent. L'un d'eux ressemblait à mon ours gris en peluche, compagnon de mes nuits d'enfant. Je l'ai vu s'étirer dans le bleu assombri du ciel et se déformer tout à coup. D'abord il s'est transformé en autruche, puis en un vieillard coiffé d'un chapeau de paille. En regardant les nuages, j'ai été de nouveau assailli par des réminiscences, les couleurs se sont précisées dans ma mémoire. Mais si j'ai pensé en cet instant précis que l'été durerait longtemps, sans doute était-ce lié au vide que j'occupais en deçà de la vitre du café. Quand on est assis seul quelque part, on a un peu le sentiment d'être écarté du monde. Surtout si dehors déferle la foule et que les nuages s'éparpillent au gré du vent.

*

Je sais très bien que nous resterons là. Je peux voir, de ma place, la Tour de Galata. Monument de pierre déserté par les pigeons. Depuis sa restauration, elle a perdu son aspect intemporel, et s'est mêlée de nouveau à la vie de la cité. Les touristes s'y promènent en prenant des photos. La nuit, on entend la musique de danse qui provient de la discothèque du dernier étage. Les maisons de l'Impasse-de-la-Tour ont été refaites, de grandes boutiques de souvenirs pour touristes se sont ouvertes. A mon retour, je me suis promené longuement dans ces parages. Les femmes n'étendent plus leur linge aux fenêtres comme autrefois. On a détruit les maisons en bois du quartier juif, et depuis, la vieille synagogue apparaît plus nettement. J'ai pensé aux lieux mal famés où les marins génois, jadis, buvaient du vin, aux femmes de Byzance insomniaques errant dans les rues obscures. Il faisait chaud. Je suis monté sur la Tour, avec l'espoir que peut-être, au sommet, il y aurait du vent. Là-haut non plus, pas un souffle d'air. Une chaleur gluante avait étreint la ville. Le jour n'en finissait pas. Le soleil donnait en plein sur les autobus et les toits des maisons. Il pénétrait même dans les pièces les plus reculées, en décolorant les rideaux. C'était un été interminable; un été long, fastidieux, une épidémie lovée au-dessus de la ville sous le soleil implacable. Je me suis rappelé la fraîcheur qui m'avait frappé au visage en montant les escaliers de la Tour. Maintenant, d'ici, je ne peux en voir l'intérieur. Elle se dresse sous le soleil, lointaine, figée, toujours identique à elle-même. Pourtant on l'a restaurée, on y a installé un restaurant luxueux, et même une discothèque. On l'a coiffée d'un cône métallique dont l'ombre se projette sur les maisons environnantes et s'étend, au crépuscule, jusqu'au milieu des salons où papotent de vieilles dames. On a alors l'impression que la Tour a été reconstruite, que l'ancienne, depuis longtemps, a sombré dans le passé. Pourtant, aucune ombre ne s'abat sur l'eau sale de la Corne d'Or. Je sais très bien que nous resterons là. Là, comme des fossiles au bord de l'eau trouble. Sur nous non plus, aucune ombre ne s'abat. En nous épiant, avec parfois un coup d'œil vers les bacs de la Corne d'Or, nous buvons du raki en carafe sous le pont de Galata. De nouveau, Ozgur, avec ses lunettes de soleil, est assis en face de moi. Depuis quelque temps, il ne les retire jamais. Même pas la nuit. Quand on lui en demande la raison, il dit de sa voix douce que la lumière le fatigue. En fait, ce n'est pas seulement la lumière qui le fatigue, mais aussi ces jours d'été sans fin. Tout est si stagnant, hors du temps, que même respirer fatigue. Le monde se retire lentement de nous, comme le sang qui reflue dans les veines d'un malade. Ne subsiste qu'un limon glauque et indistinct, qu'une foule d'impressions confuses dont on ne peut entièrement se souvenir. Qui peut savoir tout ce qui s'est accumulé depuis des siècles au fond de la Corne d'Or? Mais rien ne se dévoile au regard. Une eau trouble, morte; un marais. Même le soleil d'été n'arrive pas à éclairer les sédiments déposés au fond. Je me souviens tout à coup des jours passés au bord de l'Océan. A la tombée du jour, je marchais seul sur le rivage. Il y avait une île au large. Une île immense, désolée, sans le moindre relief. Elle se déployait comme une feuille de papier devant la ligne où ciel et mer s'unissaient. Silencieusement, les eaux refluaient vers l'île couchée en face comme un enfant sage. A première vue, il n'était pas vraiment certain que la marée descendît. Mais ensuite, quand je me détournais de mon livre, de mes rêveries, ou des rochers sans mouettes pour regarder l'Océan, je voyais la vase sur la grève gagner du terrain. Comme si mes veines se vidaient de leur sang. Ne demeurait qu'un limon bourbeux, mou, se refermant sous les pas. Je savais que le soir tombait, quand des hommes chaussés de hautes bottes ramassaient des moules sur le rivage. Les eaux recouvriraient la surface de l'île, son unique lien avec le monde. Au loin, sur la ligne où ciel et mer s'unissaient, il n'y aurait plus que les vagues et la brise nocturne.

Je ne crois pas qu'Ozgur soit très fatigué. Car il s'est reposé longtemps dans une maison de santé. A part quelques amis intimes, personne ne le sait. Il ne voulait pas que le bruit s'en répandît.

Il n'a pas pu accepter l'anéantissement même temporaire de son être, ni la dégradation de sa résistance. A mon retour de Paris, Ozgur a été le premier que j'ai cherché à voir. Nous nous connaissions depuis longtemps. C'était mon ami d'enfance. Nous sommes nés dans la même bourgade, avons commencé l'école ensemble, partagé les mêmes nostalgies, les mêmes convictions. Une fois à Istanbul, nous nous sommes amourachés des mêmes filles. Mais tout ça appartient au passé. On change. Nous changeons tous, au gré des circonstances qui nous déterminent. Avec Ozgur assis en face de moi, je n'ai pas envie de revenir sur les jours vécus ensemble. Tout est brouillé dans ma mémoire. Le passé, quand il dépose, que laisse-t-il sinon une lie fangeuse! Comme Ozgur est loin à présent! Pas seulement de moi, mais de tout. Il regarde le monde derrière ses lunettes de soleil. Je peux dire qu'en un sens, il a vécu plus que moi. Il a fait ses preuves. Quand il était en prison, on m'écrivait qu'il allait bien. Puis j'avais appris sa « libération » par les journaux. Il disait notamment : « Je ne m'étendrai pas sur les tortures que j'ai subies. Ceux qui nous jugent auraient dû juger, avant tout, ces actes inhumains. Mais ils sont manipulés par des puissances qui institutionnalisent la torture. » Il ne se contentait pas de révéler la vérité; il manifestait son opposition, même si elle restait bien peu efficace. Quand je suis allé chez lui, sa mère m'a ouvert la porte. Tout d'abord, elle a regardé mon visage avec anxiété. Elle ne m'avait pas reconnu. Puis, soudain, elle s'est jetée à mon cou : « Je t'ai reconnu à tes yeux, ils n'ont pas du tout changé, a-t-elle dit. Ne m'en veux pas, j'ai un serrement de cœur chaque fois qu'on sonne à la porte. »

Nous ne nous étions pas vus depuis deux ans. Elle avait vieilli. Une blancheur lointaine, morne, avait envahi son visage. Elle me regardait en silence comme si elle poursuivait secrètement un rêve qu'elle aurait caché à tout le monde. J'ai pensé à nos promenades dans les rues, aux verres bus ensemble, il y a bien longtemps. Parmi nous, c'était elle la plus vive, elle semblait faire partie de notre bande. « Vivre au milieu des jeunes gens me rajeunit », disait-elle. Bref, c'était une veuve alerte, approchant de la cinquantaine. Nous n'avons pas parlé très longtemps. Elle ne dormait plus. Une inquiétude étrange l'habitait. Elle paraissait craindre une chose innommable. Elle m'a dit qu'Ozgur, récemment, avait traversé une crise très grave, qu'il allait mieux maintenant, mais qu'il resterait quelques jours encore dans une clinique en dehors d'Istanbul pour pouvoir vraiment se reposer. Si je le désirais, je pouvais aller lui rendre visite. Elle racontait à ceux qui voulaient le voir, sauf à quelques amis intimes, que son fils était parti pour un long voyage.

J'ai trouvé Ozgur en bas, dans l'atelier de peinture. Il fumait, enfoncé dans un fauteuil. Il était seul. Il n'a pas été du tout surpris de me voir. Il s'est redressé lentement, s'est levé, puis est venu près de moi. Nous nous sommes embrassés. Soudain j'ai senti Ozgur fondre entre mes bras, ses os tomber en poussière. Ce que je touchais, c'était un autre corps, un arbuste chétif grandi en pot. En cet instant précis, j'ai pensé à sa manière de faire tourner la manivelle de la ronéo. Je me suis souvenu des nuits où il tirait inlassablement des tracts jusqu'à une heure avancée, et de ses grosses mains aux doigts épais tenant un livre ou s'appuyant sur l'épaule d'un ami. J'ai revu le champ de foire de mon enfance, dans la petite ville de la steppe. Ozgur s'évertuait à faire tourner tout seul le manège. C'était le soir. Les acrobates démontaient leurs tentes. Il n'y avait personne aux alentours. Les enfants avaient regagné leurs maisons, le champ de foire s'était vidé. Nous nous étions rapprochés furtivement du manège. On voyait les jambes musclées d'Ozgur dépasser de ses culottes courtes de fête. Arc-bouté sur la manivelle qui actionnait la roue, il s'efforçait de la mettre en marche. Je regardais avec admiration son visage rond peu à peu s'enflammer, la tache de sueur s'étendre sur la chemise blanche. Finalement, la roue s'ébranla; les maillons rouillés de la chaîne grincèrent. Le manège se mit lentement à tourner. Nous nous éloignâmes à toute vitesse en poussant des cris de joie. Le gardien du champ de foire criait derrière nous en gesticulant pour arrêter la roue emballée : « Espèces de petits bâtards! Je vais vous apprendre moi! »

Je n'ai pas dit à Ozgur qu'il avait beaucoup maigri. Nous nous sommes regardés un moment. Son visage était émacié. Un visage long, tout jaune, un arbre solitaire perdant ses feuilles dans la steppe.

– Comment est-ce dehors? a-t-il demandé.

– Dehors il fait beau. Regarde! Le soleil vient jusqu'ici. D'un geste de la main, je lui ai montré la lente progression de la lumière sur le mur. Il a tourné son visage vers la fenêtre. Il portait un manteau sale. On apercevait les poils de sa poitrine à travers le col déboutonné de son pyjama.

– Pourtant il pleuvait tout à l'heure, a-t-il murmuré, c'est vraiment étrange! Rien n'est sûr. Il pleut, et voilà que tout à coup le soleil brille. Le temps est frais le matin, et à la tombée du jour, il se réchauffe. Quelquefois, même la nuit, une lumière bleue envahit tout. Peut-être est-ce à cause de l'arc-en-ciel. Nous vivons des jours incompréhensibles. Aussi je ne retire jamais mon manteau.
Il se parlait à lui-même. Sa voix était comme le flot lointain d'une rivière. Elle endormait. Il n'avait pas plu depuis longtemps. Mais la clinique se trouvait sur une haute colline, en

pleine forêt; j'ai pensé qu'il devait tomber là de petites ondées matinales. Après tout, nous n'étions qu'aux premiers jours de l'été. L'humidité n'était pas complètement résorbée. Je me suis rappelé qu'en traversant la forêt, j'avais trouvé à la terre une odeur de pluie. Mais le sol était desséché, la chaleur torride. J'avais ôté ma veste pour la mettre sur mon bras.

— Tu verras, l'été sera très long, ai-je dit, on s'en lassera.

— Moi, ça m'est égal. J'aime la chaleur. L'excès de lumière me gêne, c'est tout.

Il a mis de grosses lunettes de soleil qu'il avait sorties de la poche de son manteau. Il a paru se détendre un peu.

— Tu es peut-être au courant, je suis resté trois semaines au « caveau » [1].

— Oui, je le sais.

— Les nouvelles filtraient donc!

— Oui, je sais tout.

— Ce n'est pas aussi étroit qu'on le dit. Juste un peu plus sombre. Enfin, c'était mon impression. Après tout, nous avons grandi dans des lieux pleins de lumière.

— Parfois, même libre, on doit réduire sa vie à quelques pas. L'essentiel, c'est que la conscience reste intacte.

Il a souri :

— Tu as bien fait de partir. Ici nous avons vécu des jours difficiles.

— Être là-bas faisait également partie de la tension générale. Un peu comme si je regardais dérailler une locomotive en plein élan.

Soudain la porte s'est ouverte, un groupe bruyant est entré.

— Les malades sont descendus pour faire de la peinture, a dit Ozgur. Ils travaillent deux heures par jour à l'atelier. Ceux

1. Quartier des prisons turques où les cachots sont d'un genre bien particulier les prisonniers ne peuvent s'y tenir ni debout, ni assis, ni couchés. *(N. d. T.)*

qui le veulent, bien sûr. La plupart sont des femmes. Il y en a qui font des choses très intéressantes. Assis dans ce fauteuil, j'aime les regarder mélanger les couleurs, se disputer parfois. Beaucoup avaient gardé leur chemise de nuit. Il y en avait de jeunes, mais la plupart étaient vieilles. Le médecin les accompagnait. Quand il m'a vu, il s'est approché de nous et m'a serré la main :

– Soyez le bienvenu. Comme vous le voyez, monsieur Ozgur va très bien.

– C'est vrai, je vais très bien, a dit Ozgur, mais je me sens un peu fatigué.

– Vous vous reposerez, monsieur! Nous avons tout l'été devant nous.

Puis, se tournant vers moi :

– Le repos dépend de vous, n'est-ce pas mon cher? a-t-il ajouté avec un clin d'œil. Son comportement recelait une pondération qui m'a déplu. Ses paroles, tout en éveillant la confiance, n'étaient pas sincères. Quand il s'est éloigné, j'ai avoué à Ozgur l'antipathie qu'il m'inspirait.

– Le sombre idiot! C'est un camarade d'université de mon père. Après sa mort, il s'est intéressé à ma mère. Je crois même qu'il lui a proposé le mariage. Il vit depuis longtemps séparé de sa femme. Tu sais, ça coûte cher ici. La plupart des malades viennent d'un milieu bourgeois. Il leur soutire pas mal d'argent, couche avec qui lui plaît. Mais grâce à lui, j'ai droit à des égards et on ne me fait pas payer. Sachant qu'il en serait ainsi, je suis entré à l'hôpital psychiatrique de Tchapa quand je suis tombé malade. De toute façon, ma mère n'avait guère envie de voir ce type. Mais je n'ai pas pu rester très longtemps là-bas. C'était effroyable.

Sa distraction de tout à l'heure avait disparu. Maintenant, sa voix venait de plus près. L'impression de torpeur qui émanait de lui s'était un peu dissipée.

– Effroyable, comment ça?

– Ce serait long à expliquer. Nous étions enfermés à clé. Exactement comme en prison. On éteignait la lumière de l'extérieur, à une heure précise. J'étais avec les cas graves. Mon état d'ailleurs n'était guère plus brillant! De plus... Soudain il s'est tu. Un tremblement épouvantable a envahi son visage. Il a penché la tête et s'est mis à regarder le sol. Il s'était agrippé au velours de son fauteuil. Les gouttes de sueur s'accumulaient sur son front. Peu à peu, le tremblement s'est propagé dans tout son corps, jusqu'aux racines de ses cheveux bouclés. Je l'ai saisi par les épaules, j'ai attiré vers moi son corps chétif. Avec ses lunettes de soleil, il faisait penser à un aveugle hésitant au milieu d'une place encombrée. Il n'avait même pas la force de tâtonner autour de lui. Il avait peur. Il respirait de plus en plus vite. Il a ouvert la bouche comme pour dire quelque chose, a tendu les lèvres, puis s'est laissé aller doucement dans le fauteuil en s'appuyant au dossier.

– Si tu veux, repose-toi un moment, nous avons beaucoup parlé, ai-je dit. Il a acquiescé d'un signe de tête. Il a retiré ses lunettes, les a mises dans sa poche. Puis les yeux fixés à un point vague du plafond, il n'a plus bougé. Un beau silence s'était abattu sur l'atelier. Les malades dessinaient, plongés dans leur propre univers. Mon regard s'est arrêté sur une jeune fille non loin de nous. Depuis un moment, elle regardait la toile vierge devant elle. Elle portait une chemise de nuit d'un bleu fané. La lumière éclairait par derrière toutes les lignes de son corps. On voyait au premier coup d'œil qu'elle était d'une beauté troublante, singulière. Immobile, nous tournant le dos, elle contemplait la toile vierge. Ensuite, elle a pris un pinceau, a mélangé la peinture et a tracé le premier trait. D'un rouge sombre, sanglant. Alors, toujours en rouge, mais cette fois dans une teinte plus claire, elle en a fait un deuxième, puis a étalé la tache jusqu'au milieu de la toile après avoir mouillé son pinceau. J'ai regardé Ozgur. Lui aussi observait les gestes de la jeune fille. Il y a eu un long silence.

– Chaque jour elle fait quelque chose de nouveau, a-t-il dit. Hier c'était un soleil rond, énorme. Non! A dire vrai, un champ de blé tout jaune. Les épis s'agitaient dans la tempête. Un long chemin montait vers le ciel embrasé.

De nouveau, sa voix était endormie comme s'il parlait tout seul; elle venait de très loin :

– Tous ses tableaux sont des poignards, ils tirent leurs couleurs des jours que nous vivons et rouvrent en moi de profondes blessures. Ils sont très réussis. Elle travaille quelquefois sans utiliser de pinceau, en pressant les tubes de peinture à même la toile.

Je regardais la toile. Une silhouette à la tête déformée se profilait maintenant près de la tache rouge. La jeune fille a prolongé le visage vers le bas, là où le rouge s'épaississait. Il rappelait plutôt un corps nu. Elle a mis deux yeux énormes au beau milieu de la silhouette. L'espace vide entre la tache et les yeux, elle l'a peint en rouge. Le sang paraissait jaillir des yeux comme d'une entaille au couteau.

– Elle est là depuis longtemps? ai-je demandé.

– Oui, depuis un an environ. Avant, il paraît qu'elle est restée dans d'autres cliniques, elle est très calme habituellement. Mais la nuit quelquefois, elle se réveille en poussant des cris. J'entends de ma chambre ses hurlements. Comme j'entendais de ma cellule les hurlements des amis. On dirait qu'une fille parle sous la torture.

– Laissons tomber tout ça maintenant, ai-je dit. Allons sur le balcon prendre un peu l'air.

Une fois dehors sur le balcon de l'atelier, nous avons regardé ensemble le ciel. Un bleu transparent, délavé, quelques nuages d'un blanc crayeux. Le ciel se déployait au-dessus de nous,

sans plis, comme un mouchoir repassé. Ni brise pour dissiper les nuages, ni cigognes, celles qu'on voit apparaître chaque été avec la chaleur. Ozgur a longuement parlé des oiseaux migrateurs. Il m'a raconté que certains, qui n'avaient pu vaincre leur fatigue, se réfugiaient à l'arrivée de l'automne dans les recoins des villes et les demeures d'été abandonnées, sans oser affronter le voyage. Je me suis rappelé cette vieille cigogne au plumage mouillé par la pluie, qui un soir glacé d'automne, à l'insu de tous, était descendue doucement dans la cour de la mosquée. Elle avait piqué au-dessus du bazar des chaudronniers, puis soudain s'était posée parmi les pigeons avant de gagner les coupoles de la mosquée de Bayezit. Elle était restée là un moment, immobile. Elle semblait en quête d'un endroit où cacher sa petite tête frileuse. C'était l'heure d'affluence à Bayezit, mais dans la cour de la mosquée, il n'y avait personne. Les autobus transportaient vers les faubourgs les gens fatigués sortant du travail. La cigogne avait attendu un certain temps dans la cour aux murs gris. La clameur du bazar et des rues passantes arrivait jusqu'aux coins les plus reculés de la cour. Indifférent, j'étais passé près de la cigogne. Quand elle s'était envolée à nouveau, j'avais remarqué que la femme aveugle qui vendait des grains de maïs pour les pigeons, essayait de se réconforter en s'adossant au mur de la cour, encore tout chaud des ardeurs de l'été.
Pour ma part, j'ai parlé à Ozgur des arbres, de la lumière du jour se déversant à travers le feuillage sur une table recouverte d'une nappe blanche. La forêt commençait un peu plus loin.

– Bien sûr il fait beau, a-t-il dit, mais on devine déjà qu'en fin de journée le temps va fraîchir. Au retour, tu auras froid. Il peut même pleuvoir. Tout à l'heure quand tu passeras près de la jeune fille qui est en train de peindre, regarde son visage. Tu verras comment ils ont détruit cet être magnifique.

– On lui fait des électrochocs?

– Et tous les jours encore! Parfois je me mets en colère, j'ai envie de casser tout ce qui me tombe sous la main. Mais tu sais, ce n'est plus seulement dans les hôpitaux psychiatriques que l'on pratique l'électrochoc.

Il a mis ses lunettes de soleil après les avoir sorties de sa poche. Nous étions debout tous les deux, accoudés à la balustrade du balcon. Le soleil donnait en plein sur nous, en éclairant nos cheveux, nos traits fatigués. Il a déboutonné son manteau, et s'est abandonné à la douceur de l'air comme s'il voulait tout oublier. Je lui ai dit que les amis, habitués dans leur chair au courant à haute tension, reviendraient peut-être cet été parmi nous. D'un geste lent de la main, il a fait signe que non :

– Aucun ne reviendra, ne recherche pas en vain les jours d'été d'autrefois.

Là maintenant, sous le pont de Galata, il est assis, silencieux, en face de moi. Quand je le regarde, je me vois dans les verres de ses lunettes : visage au teint crayeux, barbe de plusieurs jours, tête plus grande que nature, mains démesurées. On dirait qu'elles s'éloignent peu à peu de mon corps. J'aperçois aussi Filiz contre mon épaule. Ses bras frêles ont encore minci, ils sont devenus des pattes d'araignée. Je me rends compte qu'elle rit souvent. Des barques de pêcheur et des chalands passent sur les verres noirs. A l'arrière-plan, des taches aux contours imprécis : ce doivent être les minarets de la Mosquée-Neuve. Nous nous reflétons tous dans les lunettes bombées d'Ozgur, la Mosquée-Neuve, les barques de la Corne d'Or, Filiz et moi. J'imagine qu'avec la modification de l'éclairage, notre image à tous va soudain disparaître : non seulement de la surface des verres, mais aussi de ces jours d'été qui allongent progressivement. Sans nous parler, avec de temps en temps un regard vers l'eau trouble de la Corne d'Or, nous buvons du raki en carafe sous le pont de Galata. Un peu plus loin, de vieux bateaux voués à la ferraille : les peintures s'écaillent, les machines sont en panne. Le feu ne flambe plus dans les chaudières et les hélices ne tournent pas. Ils attendent leur tour pour être mis en pièces. Le soleil, tout rond, reste immobile au-dessus de nos têtes. Je regarde les gros seins de Filiz jaillir de son corsage blanc. Leurs mamelons sont tout moites à cause de la chaleur. On devine leur couleur même à travers le corsage. Deux petites pointes brunes virant au mauve. On aperçoit autour quelques longs duvets. Ils ont l'air accablé, ses seins! De fatigue. Bien sûr de fatigue! Je sais combien ils étaient vivants lorsqu'ils glissaient entre mes doigts. Quand on fait l'amour avec Filiz, ses seins sont un monde en soi. Leurs bouts grandissent, leur mobilité s'accroît. Le voudriez-vous, vous ne pourriez plus les saisir. La sueur perle au-dessous, ils se couvrent de gouttelettes chaudes, salées, que la peau douce, telle une terre assoiffée, absorbe aussitôt. La houle commence à les agiter. Vous êtes sur un océan déchaîné, vous ne pouvez plus y poser la tête. Son souffle est si haletant! Sur la crête, puis dans le creux des vagues! Si vous approchez la main, vous sentez la vie battre de toutes ses forces dans les seins de Filiz. Ils sont chauds, troublants, incroyablement mobiles. Mais pourquoi ont-ils l'air si las maintenant? Hier soir, chez Ozgur, c'était pareil. Je me suis rendu compte qu'ils s'étaient recroquevillés. Filiz somnolait, allongée sur le canapé du salon. J'étais debout dans un renfoncement voisin. Je tenais à la main le dernier recueil de poèmes de Métine. Je faisais semblant de le feuilleter, mais j'épiais Filiz du coin de l'œil. La lumière au néon, à travers la fente des rideaux tirés, éclairait le haut de son corsage, juste à la hauteur des seins. Ils étaient figés dans la lumière bleue comme deux pierres rondes. Lointains, sans vie, comme deux statues dénudées et grelottantes. Pourtant il faisait chaud, toutes les fenêtres étaient ouvertes. Nous avions tiré les rideaux pour ne pas laisser entrer les moustiques. Avant, c'était pareil. Comme toujours les seins de Filiz étaient gros, mais sans vie. De même que les jours où nous allions ensemble à la plage. Mais à cette époque j'étais un jeune homme de seize ans, à peine sorti de l'enfance. Mon visage était couvert d'acné. Sur le sable, le contraste entre la finesse de ses jambes et la grosseur de ses seins frappait encore plus. Assis près d'elle, je ressentais un désir irrésistible de saisir ses seins débordant du soutien-gorge. Ali et elle s'enlaçaient devant tout le monde. Ali était plus âgé que moi, mais pourtant nous étions comme deux vieux amis. Il attachait beaucoup d'importance à mes réflexions sur la poésie. Je ne crois pas que nous ayons jamais discuté de politique. « Petit salaud! Tu papillonnes dans l'existence, me disait-il, j'aime tes manières d'enfant; mais il y a aussi un aspect rangé en toi. » Puis il a épousé Filiz et ils se sont installés à Ankara. Ali est devenu assistant à l'Université du Moyen-Orient. Pendant longtemps nous n'avons pas cherché à nous revoir, mais j'ai appris qu'ils s'étaient séparés, peu après leur mariage. D'ailleurs, j'ai très peu de souvenirs communs avec eux. Je sais que les seins de Filiz ne palpiteront jamais plus comme la nuit où nous avons couché ensemble. Cette nuit était une parenthèse, elle s'est refermée. Comme par représailles contre ces jours d'été languissants. Même si au préalable nous avons dû accepter la catastrophe qu'elle entraînerait, elle constituait un bel acte d'opposition à la mort. La parenthèse s'est refermée peut-être, mais son souvenir subsiste encore. Assis près de Filiz, je voudrais être emporté à nouveau par la tempête de cette nuit-là. Pourtant sa nudité, au premier contact, m'avait déconcerté. Allongée près de moi, elle me regardait en silence. Je distinguais mal ses yeux dans l'obscurité. Les phares des voitures grimpant la côte en contrebas éclairaient le plafond, puis après avoir balayé les vieilles photos, les affiches sur le mur, les livres entassés pêle-mêle sur les étagères, ils frappaient en plein le corps nu de Filiz, immobile à mes côtés. Dès que les voitures dépassaient la maison où nous étions, tout rentrait dans l'obscurité, le vide entre nous grandissait peu à peu jusqu'à l'arrivée d'une autre voiture montant la côte en seconde. Avant de s'avancer sur le mur, la lumière réverbérée par le plafond de la chambre tombait un instant sur son visage, et faisait scintiller une lueur irréelle dans le bleu de ses yeux. Des yeux que j'aimais, mais qui me restaient étrangers. Plongée dans ses réflexions, elle ne regardait rien. Elle était bien loin de cette chambre aux rideaux tirés, du bruit distant de l'eau, des cris, de l'allongement de ces jours d'été dans le vide de la durée. Avec sa nudité aux contours indistincts flottant dans la pénombre, elle vivait un profond oubli.

– Ici, nous sommes comme en dehors du monde, ai-je dit, tout est un peu irréel. Toi aussi d'ailleurs, ton corps a l'air de couler au fil de l'eau.

Ses doigts osseux, effilés, m'ont saisi par les cheveux. Elle a attiré doucement ma tête vers elle. Et, plantant son regard dans mes yeux, elle a murmuré :

– Quand tu bougeras en moi, tu tomberas hors du monde. Tes cris se perdront dans mes ténèbres. Tu t'enfonceras dans mon corps, comme lorsqu'on descend dans un puits profond...

Sur ses mains qui me tenaint la tête, j'ai posé les miennes, et je les ai pressées contre mes tempes.

– Je sens ton cœur battre sous mes paumes. La vie, régulièrement, va et vient.

Ses paumes étaient en sueur. Comme les paumes de ma mère les nuits où j'étais malade, lorsqu'elle me frictionnait le front avec du vinaigre. J'ai pensé au café du bord de mer, à l'abri d'une tonnelle sous laquelle nous nous étions assis au petit matin. Le temps était frais. Un chat angora, allongé sur l'une des chaises inoccupées, nous regardait d'un air endormi. J'avais dit à Filiz qu'un peu plus tard, quand il ferait plus chaud, il s'étirerait voluptueusement au soleil. Elle avait tenté, sans succès, de sourire. Alors elle avait détourné la tête vers les bateaux ancrés au large. La mer était étale. Rien ne bougeait; dans le ciel, pas même un nuage. La nuit, nous avions erré dans des lieux très fréquentés, parcouru des ruelles inconnues, dévalé quelques pentes. Prenant parfois mon bras, elle avait regardé, la plupart du temps sans rien me dire, les vitrines et les affiches de cinéma. A l'aube, nous nous étions retrouvés au bord de la mer. Nous avions marché le long de la jetée, puis nous nous étions assis sous la tonnelle du café. L'angoisse d'une journée d'été interminable étreignait lentement la ville. Il ne faisait pas encore tout à fait jour. De rares étoiles brillaient encore. Je regardais Filiz dans la pénombre du petit matin. L'insomnie avait effacé la tristesse de son visage et révélé de petits cernes sous ses yeux. Elle était beaucoup plus belle ainsi. Sur son corsage clair, des arbres se reposaient; des enfants lançaient des cerfs-volants. D'après les motifs, ce devait être un vieux corsage. Peut-être qu'il n'avait pas été mis depuis des années et qu'au fond d'un coffre dans un débarras, il avait attendu cet été, ce matin morne, pour revoir la lumière du jour. Il semblait conserver quelque chose de ces jours anciens, quand nous allions ensemble à la plage et que je discutais de poésie avec Ali. Un corsage tout simple, habitué au soleil. Seules avaient un peu passé les couleurs des cerfs-volants et des enfants qui accrochaient des balançoires aux arbres. Filiz regardait les bateaux ancrés au large. J'avais voulu poser ma tête sur la table pour me reposer un peu. On aurait dit qu'elle avait oublié ses mains sur la nappe. Elles restaient inertes près du paquet de cigarettes. Sa main droite était posée à l'envers, ses doigts légèrement repliés. Un peu plus haut que cette main fine aux longs doigts, sur les veines du poignet, j'avais aperçu une ligne blanche. Dans la lumière du matin, on comprenait mieux encore que c'était la trace d'une profonde entaille au rasoir. Filiz avait tourné la tête, et comme si elle savait que depuis un moment je regardais la cicatrice à son poignet, elle avait dit en mettant ses mains dans le creux des miennes :

– Je ne sais pourquoi, j'ai froid tout à coup. Ne lâche pas mes mains aujourd'hui.

Moi aussi je sentais battre mes tempes. Les mains de Filiz s'étaient faites toutes petites, elles avaient glissé hors de mon étreinte. Il n'y avait personne dans la pénombre. La chambre semblait s'être vidée. Comme les objets, nous étions devenus des ombres. J'ai pensé à ce qui se passait à l'extérieur de cette pièce étroite aux rideaux tirés. Tout était foncièrement réel, contigu. Le soir approchait, un soir d'été angoissant. Les gens étaient épuisés, les rues pleines de monde. Chaque chose possédait sa couleur propre, exprimait sa vérité profonde. Les lumières venaient de s'allumer dans les cafés. Et dans d'autres villes, il y avait d'autres soirs. Là-bas, dès la tombée du jour, le vent se levait, et tout à coup, le ciel d'été sans nuages se remplissait de cerfs-volants. Mais nous ici, nous avions été écartés du monde. Nos corps nus, étroitement mêlés, dérivaient dans le vide. Nous flottions dans une torpeur profonde, sans pouvoir toucher nos réalités respectives.

– Je sens ton cœur battre sous mes paumes, a-t-elle répété, la vie, régulièrement, va et vient. Heureusement que tu es en vie!

J'ai cherché un moment les mains de Filiz sur mes tempes. Mes cheveux, collés à ses paumes, avaient atténué la raideur de ses doigts. Saisissant son poignet droit, j'ai voulu baiser la cicatrice. Elle a souri. Soudain, une clarté radieuse s'est répandue sur son visage.

– C'est vrai que tu es vivant toi! a-t-elle dit. Pendant longtemps j'ai couché avec un mort. Je sentais en moi son corps, son sexe. Je n'arrêtais pas de regarder ses yeux, ses yeux intelligents et tendres. Sa langue glissait sur ma peau. Je prenais sa grande bouche humide dans la mienne. Son front était doux et large. Ses doigts qui en prison s'accrochaient fébrilement au grillage du parloir, saisissaient alors mes seins. Ses bras m'entouraient comme du lierre. Ses bras à lui, frais, apaisants. Derrière le grillage qui nous séparait, je caressais du regard ses mains un peu lasses, mais plus belles, plus heureuses que jamais. Ces mains qui ne pouvaient plus me toucher, ces mêmes mains, que de loin je dévorais des yeux, écartaient mes cuisses. Chaque soir il me pénétrait un peu plus et s'enfonçait plus profondément dans mon corps. Chaque soir il était plus animé, plus vivant. Pendant longtemps le mort ne s'est pas refroidi en moi.

Je n'avais jamais vu Filiz aussi furieuse. Les yeux écarquillés, elle respirait précipitamment. La houle agitait ses seins. M'empoignant par les épaules, elle m'a attiré vivement contre elle. J'ai posé la tête sur ses seins inondés de sueur, et je me suis abandonné aux vibrations de son corps.

A mon réveil, il faisait nuit. J'ai regardé Filiz : elle est allongée, immobile, les yeux fixés au plafond. Elle a laissé ses bras sous les draps défaits, ses cuisses sont légèrement entrouvertes. Une mouche bourdonne sans arrêt au-dessus de nous. Elle quitte les jambes minces de Filiz, refroidies par la sueur, pour venir se poser sur mes cheveux, dans mes narines. Je l'ai chassée d'un geste de la main. Me voyant éveillé, Filiz s'est dressée dans le lit, puis a tourné la tête vers moi :

– Après l'amour, tu as dormi comme un idiot et j'ai pensé que je me sentais plus seule que jamais malgré la présence de quelqu'un allongé près de moi.

– Mais la solitude ne suffit pas pour s'ouvrir les veines! Un peu plus tôt dans mon sommeil, j'avais vu en rêve le café sous sa tonnelle, au bord de la mer. Filiz exposait au soleil levant la cicatrice de son poignet; un sang chaud, visqueux tombait du ciel goutte à goutte sur la nappe blanche de notre table. Il y avait aussi des taches de sang sur la mer. Dès que des mouettes se posaient sur l'eau, elles devenaient toutes rouges. Quand elles reprenaient leur vol, le sang qui ruisselait de leurs ailes se répandait sur les rues de la ville. Un sourire ironique a envahi son visage. Elle a plissé la bouche d'un air cachottier :

– Je savais que tu finirais par m'en parler. Tu es toujours le même. N'attends pas de moi une interprétation à ta convenance. Au fond, je ne voulais pas mourir. La mort est le lot des vivants, de ceux qui luttent pour changer le monde. Regarde! Ali est bien mort, lui! C'était un beau mort. Tu n'as pas vu sa photo dans les journaux?

Je n'ai pas répondu. Le corps d'Ali gisant à terre m'a transpercé le crâne. Même sur la photo on voyait qu'il avait été criblé de balles. Il y avait une autre photo de lui dans la colonne voisine. Les manches retroussées, le poing brandi. Elle avait été prise, bien sûr, lors d'une manifestation. Mais on n'apercevait pas grand-monde à l'arrière-plan. Ali avait l'air d'être seul et de se parler à lui-même. Il fixait un point vague au loin. Quelque chose dans son port rappelait les statues antiques.

– Tu n'as pas vu sa photo dans les journaux? a répété Filiz. Tu sais, il n'est plus qu'une photo. Ali pour qui les places, les cours d'usine étaient trop petites, a pu tenir dans une photo jaunie dont la moitié manquait. « Pourquoi donc est-ce que je crie sans cesse? a-t-elle dit à voix basse, je ne serai jamais une Antigone pleurant ses morts! Je ne sais chanter ni complaintes funèbres ni marches héroïques. » Elle parlait toute seule. Elle m'a tourné le dos et a poursuivi en regardant le mur :

– La nuit était fraîche. De la fenêtre je regardais le boulevard, dehors. De chaque côté s'alignaient des gendarmes armés de mitraillettes. Les arbres étaient en fleur. A Ankara, le printemps arrive d'abord à Kizilaï. Les arbres fleurissent, les eaux se réchauffent. Le boulevard était désert. Pourtant l'heure du couvre-feu était encore loin.
Le vieux garçon de café rentrait les tables de la terrasse. J'ai pensé que depuis quelque temps, personne ne s'asseyait plus dans les cafés du boulevard. Dès la tombée du jour, tout le monde s'enfermait chez soi. A part les patrouilles en jeep et quelques fonctionnaires retraités se promenant d'un air inquiet, il ne restait plus personne aux alentours. Ali et moi, nous nous retrouvions parfois dans le café d'en face. Il s'irritait des cuillères à thé en argent, de la forme des tables semblables à celles des cafés parisiens. Il essayait de me prouver que j'étais une petite bourgeoise typique, en prenant des exemples dans mon existence quotidienne et en critiquant mes fréquentations. Sa voix avait quelque chose d'inquiétant. Il était impatient comme s'il devait toujours arriver à temps quelque part. Des caresses furtives, un baiser dont la trace refroidissait sur les lèvres. De temps en temps, nous allions chez moi faire l'amour. Depuis notre séparation, nos corps n'avaient pu se détacher l'un de l'autre. « Il m'est douloureux d'être éloigné de ton corps, disait-il, quand j'évoque ta nudité, c'est comme si l'on m'écorchait vif. Comment surmonter cette tentation? » Dans le parloir de la Prison Militaire d'Istanbul, la même expression errait toujours sur son

visage. Il y avait dans ses yeux ce désir irrésistible dont j'étais la seule à saisir le sens, le désir de se fondre en moi. Nous nous étions regardés longuement en silence.

Le vieux garçon de café rentrait les tables à la parisienne. Un jeune lieutenant est passé avec son amie. Les gendarmes, armés de mitraillettes, se tenaient immobiles sous la lumière des néons. Leur taille était colossale, comme s'ils venaient d'un autre monde. Leurs casques de fer avaient des reflets mats. Le boulevard était désert. Les oiseaux avaient abandonné les arbres. Pourtant dans la ville d'Ankara, le printemps arrive d'abord à Kizilaï. Les oiseaux sont toute la journée dans les arbres. Les vieilles femmes, les enfants, les fiancés vont au parc dans la fraîcheur du soir. Le bassin des cygnes se réchauffe; les marchands de nougats, de simits[1], les vendeurs de ballons envahissent le parc. Au loin, j'ai aperçu une cigogne au faîte d'un platane dont l'ombre se projetait sur les maisons. Elle était là depuis des jours. Elle ne sortait presque jamais de son nid. Elle avait dû traverser la steppe pour venir jusqu'ici, dans cette ville désertée où les jeunes gens ne marchaient plus dans les rues en chantant, où dans les parcs, les soldats en permission et les grands-mères aux visages fripés ne buvaient plus de limonade. Elle s'est dressée après avoir craqueté un moment dans sa cache. La fatigue de la steppe accablait ses ailes, elle s'est envolée lentement. Elle a découpé le ciel de toute son envergure, puis après un vol plané, elle est revenue se poser dans son nid. Sous son corps, elle a rentré ses pattes pareilles à des branches de cornouiller, et s'est endormie. Je me suis dit : « Tiens! Une cigogne épuisée! » J'ai été rassurée en pensant qu'à l'approche de l'automne, après avoir passé la saison chaude à dormir dans son nid, elle franchirait la steppe avec les

1. Petits pains aux grains de sésame. *(N. d. T.)*

autres cigognes, et descendrait vers le Sud, jusqu'aux rivages de la Méditerranée. Il faisait frais ce soir-là. L'été n'était donc pas encore arrivé. Mais les jours se faisaient plus longs, la chaleur augmentait. Le matin, de ma place, je regardais la foule des employés se diriger vers les ministères. Le jour se levait avant même la reprise du travail. Dans le ciel, un bleu blafard, de petits nuages indigo. Clarté du jour envahissant les rues. Depuis longtemps j'étais enfouie dans un fauteuil près de la fenêtre. Ali s'étalait de tout son long dans le journal ouvert sur mes genoux. Un peu de boue avait maculé ses jambes, ses mains étaient blêmes comme des draps blanchis. Son corps nu aussi. Sur son visage, la nostalgie des voyages qu'il ne ferait pas, des pays qu'il ne verrait jamais. Sur son visage, la quiétude suscitée par l'assouvissement qu'il n'avait ressenti qu'avec moi. Indispensable comme l'air, comme l'amitié. On voyait qu'il avait été abattu au bord de l'eau. On entend presque le bruit de la rivière qui coule juste au-delà de ses cheveux. Les flots vont emporter le corps nu d'Ali. Le printemps descend des montagnes. La sève des arbres circule dans les branches et les bourgeons. Longtemps j'ai regardé la photo. Des jours durant peut-être. Je ne me rappelle plus très bien à présent. Puis je me suis levée lentement de mon siège. Mes pieds étaient engourdis. J'avais un peu le vertige. J'ai fait nonchalamment un tour dans la pièce, comme la cigogne au sommet du platane, et je me suis rassise. Partout l'odeur d'Ali. Les livres qu'il lisait, les objets qu'il touchait, le cendrier où il laissait brûler sa cigarette. Je n'ai plus regardé dehors les arbres du boulevard, vides d'oiseaux. Doucement j'ai caressé la lame de rasoir, lisse sur le journal comme une tache d'encre.

Il y a eu un long silence. Filiz, dans le lit, me tournait le dos. Elle était peut-être profondément endormie. Je me suis levé, j'ai ouvert les rideaux. La nuit d'été et la rumeur de la ville ont empli la pièce. J'ai entendu de plus près le bruit de l'eau. Il devait être tard dans la nuit. J'ai proposé à Filiz de sortir. Elle a tout d'abord gardé le silence, puis comme si elle parlait en dormant :

– Laisse-moi tranquille, maintenant il y a trop de monde dans les rues, m'a-t-elle dit.

Tout à coup le bruit de l'eau s'est tu. J'ai imaginé au loin l'arme qui s'était déchargée sur le corps nu d'Ali. J'ai refermé la fenêtre, tiré les rideaux et me suis allongé auprès de Filiz. Nous nous sommes remis à transpirer.

Cette nuit était une parenthèse, elle s'est refermée. Son souvenir ne subsiste même plus, je me suis trompé tout à l'heure. Je regarde Filiz, assise à mes côtés. Ignorant mon existence, elle rit dans les grosses lunettes d'Ozgur. Je m'y reflète moi aussi. Comme les carcasses des navires et les barques à la peinture écaillée. Le soleil est sur nos têtes, telle une maladie contagieuse. Je pense qu'il faut le jeter dans une fosse et verser dessus de la chaux vive. Sinon nos chairs pourriront. Le soleil dans le ciel ravive toutes les plaies récentes de la Terre. En nous regardant, avec parfois un coup d'œil vers les bacs de la Corne d'Or, nous buvons du raki en carafe sous le pont de Galata. D'autres sont là aussi. Métine, Aïché et son neveu. Il y a eu également les jours d'été que j'ai passés avec eux : nous avons dévalé certaines pentes et fréquenté des endroits inconnus. Les rideaux étaient tirés dans les pièces étroites où nous passions la nuit. Dès l'aube, nous écoutions les nouvelles à la radio. Aucun des amis que nous attendions n'est revenu. De nouveau la mort, habillée en civil, s'est promenée parmi nous. Jamais le soir le vent ne s'est levé, ne serait-ce qu'une fois. Je regarde l'eau de la Corne d'Or. Une eau fermée, aveugle. Elle croupit depuis des siècles.

Si on la laissait faire, elle s'agiterait doucement, puis se refermerait sur elle-même, sans bruit, comme du sang qui coagule. « Les gros navires aiment la haute mer. » Je ne sais pas qui m'a appris ce dicton. Peut-être est-ce un marin, peut-être l'ai-je lu quelque part. Depuis quelque temps, je n'arrête pas de me répéter : « Les gros navires aiment la haute mer. » L'entrée de la Corne d'Or, au lieu de nous ouvrir au monde, nous renferme encore plus en nous-mêmes. La Tour de Galata fond dans la chaleur. L'alcool nous engourdit la tête. L'ombre de la Tour ne parvient pas jusqu'à nous. Nous sommes assis là, en plein soleil. Les camions passent au-dessus de nous en ébranlant le pont. Des poids lourds. A chaque secousse de notre table, le neveu d'Aïché vocifère : « Les signes se sont manifestés, la Fin du Monde approche. » Puis il boit d'un trait son raki, sans l'avoir allongé d'eau. La main posée sur l'épaule de Métine, il lui recommande la lecture des Sourates de l'Apocalypse dans le Coran. Mais Métine est tout à fait ailleurs. Il regarde rêveusement les bateaux dont on démonte les pièces. « Nous avons beau faire, nous vivons toujours aux basses eaux, dit-il en grommelant. Les gros navires aiment la haute mer. » C'est donc dans la bouche de Métine que j'ai entendu ce dicton pour la première fois. Allez savoir où et quand! Comme j'oublie vite! Dans ce cas, il est aussi le premier à avoir dit que cette année l'été serait long. Il n'a pas pu vraiment se défaire de sa manie de déclamer des poèmes. Peu après il va reprendre : « Il n'y a plus personne! Sous la neige, seuls pousseront les cheveux et les ongles des morts. » Le neveu d'Aïché se tourne vers Filiz et dit sur un ton sarcastique : « Tu vois, il paraît que nous vivons toujours aux basses eaux. Vas-y! Mets-nous au monde une nouvelle fois! »

Ses éclats de rire me mettent mal à l'aise.

– Hé! Mère généreuse, enfante-nous à nouveau!

Je n'aime pas sa manière provocante. Mais il sait très bien ce qu'il dit. Surtout quand il est ivre.

– Vous, vous êtes les derniers oiseaux. Vous enfanter à nouveau ne servirait à rien! répond Filiz.

Aïché confirme :

– Nous sommes les derniers oiseaux. Après nous, les vents du Sud se lèveront, l'automne viendra.

L'été ne s'achèvera donc jamais. Aucun d'entre nous ne commencera une lettre en disant : « Je me suis acheté un nouveau chandail. J'ai sorti mon imperméable de l'armoire pour le donner à nettoyer. Désormais les jours s'acheminent vers l'automne, fais attention de ne pas prendre froid... » Il faudrait laisser là ce soleil de midi, cet été, cette épidémie interminable. Il faudrait s'en aller, s'établir dans une autre durée, commencer à vivre à partir d'un autre point. Il faudrait que le temps, tel un insecte fou, se remette en marche dans nos poitrines. Mais nous n'avons pas la force de bouger de nos places. Même en parlant, nous cherchons, comme à tâtons dans le noir, quelqu'un à qui nous agripper. Je me souviens tout à coup de ce que Filiz m'avait dit. Une rivière invisible coule sur la photo du journal ouvert sur ses genoux. Puis le soleil efface tout. Il cloue mon corps à ma chaise. Ma conscience se dissout dans la chaleur. Je reste ainsi sous le pont de Galata. Comme un papillon cloué au mur par les ailes. Le bruit de l'eau jetée sur les murs en pisé me parvient. Un bruit rafraîchissant comme l'ombre du platane, mais néanmoins âpre, porteur de traces indécises de mort.

Je demande à Ozgur :

– Entends-tu? On jette de l'eau sur les murs en pisé.

Il ne répond pas. Peu après il ôte ses lunettes de soleil, les met dans sa poche :

– Je n'entends pas le bruit de l'eau, dit-il, mais je me

souviens du mois d'août. Après tout, nous avons grandi dans des lieux pleins de lumière.

Au loin les flots grossissent, le monde coule au fil de l'eau. Eau sans mémoire! Que reste-t-il maintenant du corps nu d'Ali? Quelle terre l'a englouti? Tout sombre lentement. Le passé laisse derrière lui un dépôt visqueux, lancinant. Personne ne se souvient plus de personne. Je sais très bien désormais que nous resterons là. Là, comme des fossiles au bord de l'eau trouble.

1973

L'EAU VIVE

I

Enguine et moi étions restés à l'intérieur, devant la porte-fenêtre s'ouvrant sur le balcon. Sa main était immobile sur la vitre. Peut-être conservait-elle toujours quelque chose de cette main lasse qu'il avait abandonnée à la fraîcheur de l'eau vive, bien des années auparavant. J'ai reconnu ses doigts osseux. Ils paraissaient démesurés dans l'incidence de la lumière du réverbère. Doigts sales d'Enguine jaunis par le tabac. Ils restaient ainsi, collés au carreau. Cinq longs doigts sans ombre sous le néon, un peu irréels. Chacun semblait mener sa propre solitude. Les articulations avaient minci, la peau qui les recouvrait s'était desséchée. Au premier regard on ne se rendait pas compte que ses doigts étaient pelés comme des arbres sans écorce, ni que le blanc de la peau avait pris une teinte crayeuse. Abandonnée à la fraîcheur de la vitre, c'était une main pensive comme toutes les autres mains. Nous étions aux derniers jours de l'été. La nuit, il faisait très chaud, mais le temps fraîchissait brusquement au petit matin. Un vent humide soufflait de la mer, et jusqu'au lever du jour la fraîcheur se répandait dans les rues désertes. Enguine, ayant eu froid peu avant, avait mis son blouson de cuir dont il ne se séparait jamais ces derniers temps. L'autre main enfoncée dans sa poche, il se tenait

debout en silence. J'ai pensé à ses doigts dans la poche. Ils étaient peut-être moites. Repliés, recroquevillés; imprégnés d'odeur de tabac. On ne devait pas pouvoir distinguer les poils blonds sur la peau exsangue.
Je suis allé prendre un chandail dans le placard. A mon retour, Enguine était à la même place. Il avait légèrement entrouvert la porte-fenêtre s'ouvrant sur le balcon et regardait la rue.

– Si tu veux, allons sur le balcon, ai-je dit.

– On est bien ici. La fumée de cigarette ne me pique pas les yeux. Et puis il ne faut pas se fier à la chaleur, au petit matin le temps fraîchit brusquement.

Il parlait pour rompre le silence. Pour différer un peu la réalité dont nous évitions de parler. Chaque mot semblait être une énorme pierre grossissant dans la durée, et rendait plus pesant, plus insupportable le silence entre nous. C'est pourquoi, tous les deux, nous évitions de parler. Longtemps nous nous sommes tus. Un bateau est passé lentement au bout de la rue. Il n'y avait personne à bord. Tout illuminé, un bateau sans voyageurs est passé qui se dirigeait vers les Iles. On ne discernait pas vraiment dans l'obscurité le rebord abrupt du rivage, ni les roches nues que pendant toute la journée le soleil d'été embrasait. Sous les lumières au néon la rue était silencieuse comme une galerie secrète débouchant dans la mer. Un bateau vide dont les lumières se projetaient sur la mer par les hublots ouverts. C'est sans doute le courrier du matin. Il va chercher les premiers voyageurs du jour qui transpirent tout l'été dans les bureaux, aux terrasses des cafés, et le dimanche sur les plages. Il s'est éloigné lentement sur l'eau calme vers les profondeurs de ce sommeil lointain qui suit les grandes fatigues. L'obscurité de la mer ne m'a pas surpris. Comme si la lumière venant du navire n'avait pas éclairé l'eau mais un monde transparent, irréel. La lumière avait la blancheur des cités antiques englouties. Elle faisait monter à la surface de l'eau la solitude des maisons crépies à la chaux, des ruelles, des gigantesques colonnes abandonnées, et se déplaçait lentement avec le bateau vide. Un moment Enguine et moi l'avons suivi des yeux, en éprouvant la même douleur. Il s'est éloigné vers les Iles en glissant sur l'eau noire.

Le souvenir de la lumière persiste. Comme le sommeil. Comme le sommeil, même s'il vous abandonne, il laisse derrière lui un vide profond pour qu'on ne l'oublie pas. Parfois la conscience se dissout dans ce vide. Comment l'expliquer à Enguine? Comment lui faire comprendre qu'une fois le sommeil dissipé, la conscience se retourne comme un gant, se vide et submerge tout ce qui existe autour d'elle? Certes je ne peux pas lui dire que le clair visage de Nilgune coule la nuit avec la rivière. Il s'étonnerait, penserait que je divague. Mais il ne suffit pas d'être réaliste pour expliquer ces temps préhistoriques que nous vivons. Car lorsque la société est en pleine mue, elle ébranle également les esprits. Il est impossible de ne pas se laisser séduire par l'appel du radicalisme, de l'extrémisme. La conscience se trouve prise au sein d'une extrême secousse et vole en éclats. Si le tremblement de terre est très violent, qui peut prétendre que les sismographes ne s'arrêteront pas! Dès lors il faut trouver de nouveaux signes, d'autres mesures. Je ne dirai pas à Enguine qu'un soir Nilgune avait marché depuis une lointaine maison de campagne jusqu'à la rivière. Elle se reposait dans la ferme de son père. C'était la première fois depuis des années qu'elle passait l'été loin de la mer. Toute seule, un peu fatiguée, mais pleine d'espoir. Elle faisait une foule de projets pour l'avenir. Un soir, sitôt les lumières allumées, elle entrouvrit le grand portail et sortit. Elle marcha, le vent dans le dos. Elle traversa les vignes, puis doucement s'abandonna à l'eau. Elle avait eu froid en revenant au petit jour. Tout était désormais très clair dans sa tête. Elle alluma le feu, fit sécher ses vêtements. Toute la nuit, avec ses pensées, ses projets, elle avait coulé, telle un voilier blanc, au fil de l'eau noire.

C'est moi qui invente tout ça. Voilà des jours que Nilgune n'est pas sortie de sa chambre. Allongée sur le lit, elle fixe le plafond d'un air absent. Quant au domaine de son père, il avait été vendu lorsqu'elle n'était encore qu'une enfant, sa famille ayant dû s'installer définitivement en ville. Il y a sans doute un rapport entre le visage impassible de Nilgune et la rivière qui coulait juste au-delà de la ferme. Sinon, comment pourrait-on expliquer qu'elle ait tout oublié, qu'elle rôde parmi nous comme une somnambule? Le passé ne s'efface jamais complètement. Un résidu, même trouble, se dépose forcément au fond. Il en reste la trace, un souvenir. Car le sang coagule. Il désire couler, il est chaud, mais il coagule. Nilgune vit un profond oubli. Comme l'eau vive. Sans mémoire, limpide. Elle a oublié le sang. Le sang tiède qui ne coulait plus, coagulait, refroidissait sur le carrelage.

Quand le bateau avait disparu, la lumière également s'était retirée de la surface de l'eau. Enguine regardait la mer sombre.

— Le souvenir de la lumière persiste, ai-je dit. Comme le sommeil, même quand il vous abandonne, il laisse derrière lui un vide profond pour qu'on ne l'oublie pas.

Il a d'abord fait comme s'il n'avait pas entendu. Puis, me dévisageant :

– Est-ce que Nilgune dort encore? a-t-il demandé.

– Oui, mais elle a les yeux ouverts.

Je l'avais vue tout à l'heure lorsque j'étais passé devant sa chambre pour aller prendre un chandail. La porte était entrouverte. La lumière du globe bleu dans le couloir éclairait faiblement l'intérieur. Son corps était inerte dans la longue chemise de nuit. La lumière filtrant du couloir frappait son visage, agitait sur son front une fraîcheur bleue. Elle avait replié ses belles jambes et remonté le drap jusqu'aux genoux. Elle semblait flotter dans les draps blancs qui ondulaient vaguement dans la pénombre de la chambre. Elle coulait doucement dans la lumière bleue. Sa chevelure s'étalait dans l'eau, son visage allait glissant sur la rivière. Sa chemise de nuit s'était déployée dans les ténèbres comme un nymphéa ouvrant sur l'eau ses larges feuilles. De ma place, ses yeux étaient presque invisibles. La lumière n'éclairait que son front et ses cheveux. Mais j'avais reconnu la nudité de ses regards vides. Ses yeux grands ouverts fixaient le blanc du plafond.

Enguine n'avait pas compris. De nouveau il m'a demandé si Nilgune dormait.

– Elle dort, ai-je dit. Mais elle a les yeux ouverts.

– Pourquoi ne vient-elle pas ici?

Toi aussi Enguine tu sais pourquoi elle ne vient pas près de nous. Toi aussi tu sais qu'elle ne peut reconnaître aucun de nous, que depuis des jours elle n'arrive pas à dormir sans morphine. Les médecins ont parlé d'hébétude. Je t'avais écrit que ses facultés de perception étaient réduites à néant par l'insomnie et qu'il lui fallait un long repos. Mais laissons tomber ce jeu, je suis fatigué. Maintenant tu vas m'en demander la raison. Puis tu parleras de la résistance, de tes amis qui ont tenu jusqu'au bout. Tu expliqueras tout par l'origine sociale de Nilgune. Voilà pourquoi tu es venu d'Ankara. Bien sûr les jours qu'elle a passés au siège de la Contre-Guérilla lui ont usé les nerfs. De plus, elle a enduré toutes les tortures en sachant ce qu'elle faisait. Mais contrairement à ce que tu penses, ce n'est pas parce qu'elle croyait en l'avenir autant que nous. Il y a aussi d'autres choses derrière le visible et le vécu. Nous n'avons pas pu établir de lien direct entre la doctrine qui est la nôtre et ces « autres choses ». Les questions que nous nous sommes posées nous ont laissés face à face avec des contradictions qu'il aurait fallu résoudre d'urgence. Demande-moi plutôt des nouvelles de Sélim. Il est resté, lui, complètement en dehors de nos préoccupations : depuis des mois aucun de vous ne s'est intéressé à son sort. Tu as raison, il n'était pas des vôtres. Mais il a supporté au moins autant que nous le poids de cette période d'oppression que nous avons vécue. Autrement certes. La réalité dont j'évite de te parler est bien différente des mots que tu ne prononces pas, de peur que notre amitié ne se dégrade. Tu es venu ici pour critiquer notre désarroi et nous apprendre que tu avais décidé de ne plus nous voir. Tu es fâché contre nous. C'est une colère que justifie l'histoire, les conditions concrètes de notre existence. Mais ce n'est pas une colère qui permettrait de comprendre ce qui s'est passé et pourrait donner un sens positif à la tragédie d'une génération. Nos chemins ne se séparent pas. Mais toi, tu es toujours aussi enthousiaste qu'avant. Tu ne tiens pas en place. Je le comprends au silence maussade de ton attitude, au feu de tes regards. Les gens comme toi sont nombreux, ça aussi je le sais. Pourtant tu as tort d'écarter Sélim de ton champ d'intérêt. Demande-moi plutôt de ses nouvelles. Tu sais pourquoi Nilgune ne vient pas près de nous, et ce qui erre sur ton visage, ce n'est pas l'angoisse de ne pouvoir accepter sa maladie. Tu t'inquiètes pour Sélim. Tu vas bientôt partir. Mais un peu de toi restera ici. Un peu de toi restera avec nous jusqu'à ce que tu comprennes que la brusque disparition de Sélim ne ressemble à rien d'autre. Tu ne veux pas admettre qu'en fait ces longs jours d'été interminables que nous sommes en train de vivre après l'oppression parachèvent une seule image : celle de la mort. La mort qui s'étale en nous comme une tache brûlante laissée par le soleil. Car les morts sont partis de bonne heure. Ils aimaient le peuple et la vie qu'ils voulaient changer. Ils lui étaient attachés par la lutte, les livres, la pluie. La foi ancrée en eux était celle d'appartenir au monde, d'être comblés par lui. C'est pourquoi ils ont pu tout abandonner. Même l'air, même l'eau. La maladie de Nilgune maintenant te dérange. Tu vas partir bientôt sans l'avoir vue. C'est à tes mains que je pense le plus tandis que tu restes ainsi silencieux en face de moi, sache-le!

Voyant que je ne répondais pas, il n'a pas insisté. Son regard plissa au-dessus de la mer obscure vers la rue, puis vers le mur de l'immeuble d'en face. Il a regardé un moment les rideaux tirés immobiles dans la lumière du réverbère, les balustrades des balcons peintes en bleu. Puis :

– Tout le monde dort, a-t-il marmonné. Enfants, employés, pères de famille, grands-mères. D'une façon ou d'une autre tout le monde dort.

Soudain il s'est tu. Sans doute a-t-il pensé qu'il fallait parler de manière plus tranchante, plus directe, car il en est venu tout de suite à Nilgune.

– J'ai reçu ta lettre. Je n'ignorais pas l'état de Nilgune. Tu m'as écrit un tas de bêtises, avec plein de détails inutiles. La plus grosse bêtise, c'est nous qui l'avons faite en nous cachant dans la maison d'une fille d'agha [1] pour fuir la police. Enfin! Le sommeil de Nilgune ne m'intéresse plus. Quiconque est incapable de dépasser les limites étroites de son propre univers ne m'intéresse pas. Vous savourez le désarroi, n'est-ce pas Védate? Je t'avais dit la même chose à Antalya il y a bien longtemps. Vous avez l'air d'être en vacances. Vous vivez les vacances du désarroi, du désespoir, de la mort. Tu pensais plus sainement jadis. Maintenant tu approfondis beaucoup trop. Une attitude d'intellectuel débile s'est emparée de toi. Quand j'étais en prison, les lettres que tu m'envoyais secrètement de ta planque, ta manière d'interpréter les événements n'apportaient aucune solution politique. Et là maintenant, tu sers de garde-malade à Nilgune. N'as-tu jamais pensé à quoi correspondaient votre existence, votre subjectivité dans l'univers concret du peuple? Combinant ton savoir et ta sensibilité petite-bourgeoise, tu crois pouvoir juger l'époque historique que nous vivons. Ne m'écris plus! Ou si tu m'écris, parle-moi désormais de choses utiles, de ce que nous pourrions faire et non du sommeil de Nilgune. Et puis débarrasse-toi une fois pour toutes de l'obsession de la mort!

Des phrases dures, bien choisies, utilisées à bon escient. Une syntaxe claire, ferme, un esprit sachant ce qu'il veut. Enguine, en prononçant certains mots, les scandait exagérément, sa pensée se faisait incisive. Les mots me transperçaient comme des balles. Ils étaient si rapides qu'aucun ne s'accrochait à moi. Je n'avais pas mal. Le vide profond derrière les phrases justes et précises d'Enguine me gagnait. La mort logée dans ce vide grandissait par l'entremise d'une langue encore inexprimée, de mots non prononcés, puis se répandait doucement dans mon corps. C'était comme si Enguine ne parlait

1. Très gros propriétaire terrien. *(N. d. T.)*

pas. Un langage se réalisait de lui-même en dehors de nous, les phrases se dispersaient sous forme d'écumes lumineuses et transparentes. En réalité voilà ce qu'il aurait fallu comprendre. Ce qu'Enguine, je le savais, avait dépassé depuis longtemps, mais qui moi m'affectait et m'ébranlait la tête. Pendant qu'il parlait, je n'ai pas quitté des yeux ses doigts. Ils étaient solitaires sur la vitre. Une peau crayeuse en avait recouvert les bords. Ils étaient muets. Cinq longs doigts muets, mais éloquents, fermés à tout en dehors d'eux-mêmes. Il n'y avait pas d'ongles au bout. Les ongles d'Enguine repousseront certainement. Mais plus tard, quand le temps aura passé. Maintenant ses doigts demeurent ainsi dans la lumière du réverbère, ayant oublié depuis longtemps la chaleur du jour. Le sang remonte lentement de l'extrémité des doigts jusqu'aux veines du poignet.

Soudain j'ai senti en moi la présence physique de la mort. J'ai senti en moi la mort qui se déplaçait du corps mince et féminin de Sélim vers le sommeil profond de Nilgune, cette mort que le soleil d'août traînait inlassablement sur les trottoirs, sur les roches nues du rivage. Enguine a repris son discours là où il l'avait laissé. Puis il s'est tu. Il a regardé un moment son ombre immobile dans la lumière du réverbère. Une ombre démesurée, informe. Elle s'étendait de tout son long sur la rue, et de là s'abattait sur le mur blanc de l'immeuble d'en face. Je me suis demandé s'il y avait un lien réel entre l'existence concrète d'Enguine debout à mes côtés, et son ombre. Son corps se connaissait bien désormais. Il avait résisté, avait vaincu la douleur. Il n'avait pas besoin d'être dans le corps d'un autre pour se réaliser. Il pouvait prendre place dans le monde; affronter tout seul la réalité, celle de la douleur entre autres. Or son ombre, comme toutes les ombres, n'avait pas de volume. Elle était un peu abstraite, impalpable. Elle lui était complètement étrangère. Si Nilgune et Sélim venaient se mettre ici, leurs ombres s'abattraient également sur le mur d'en face. Mais le corps de Sélim n'a jamais trouvé sa place dans la vie, ni pu appartenir tout à fait au monde. Il a vécu dans un autre corps comme s'il était toujours dans le ventre de sa mère où il aurait tant voulu retourner. Le corps de Nilgune, lui, n'a pu vaincre la douleur. Il s'est amolli, puis s'est abandonné à un profond oubli. Maintenant il coule au fil de l'eau, dans sa blancheur transparente. Tandis que Nilgune, allongée sur le lit, fixe le plafond de ses yeux vides, je l'imagine comme un voilier blanc qui glisse doucement sur la rivière obscure. Sa clarté se projette sur l'eau. Sur la berge, des galets, une forêt de feuilles de vigne. Sur la berge, des jonchères sans grenouilles, toutes bruissantes. Le voilier passe entre les vergers qui s'avancent jusqu'à la rivière et les bancs de vase où les buffles se vautrent pour se rafraîchir dans la chaleur d'août. Sa clarté se projette aussi sur les peupliers que la nuit enveloppe, sur les terres molles du père de Nilgune, labourées au tracteur. Au loin, des cabanons de vignoble endormis, des étoiles tombant sur les montagnes. Le grondement des camions de nuit en train de gravir le mont Karayuk descend jusqu'à la plaine de Guédize. Nilgune vécut là bien avant d'avoir perdu le sommeil dans une chambre de torture dallée, en refusant de signer le papier que lui tendaient des brutes aux regards lâches. Ses mains blanches toutes potelées étaient minuscules, le domaine de son père s'étendait à l'infini. C'est avec ces mains minuscules qu'elle toucha les tables, les feuilles de vigne. Elle regarda d'un air étonné les servantes qui faisaient cuire le pain sur le kastara[1]. Quand son père, un chapeau de paille sur la tête, l'emmena au bourg dans la jeep, elle vit les champs

1. Plaque de tôle sur laquelle on fait cuire des galettes de pain. *(N. d. T.)*

de tabac, les peupliers argentés murmurant le long de la rivière. Elle ne savait pas encore qu'il possédait ce monde hors de portée, jusqu'aux oliviers sur les pentes du mont Karayuk. Elle fit des signes de la main aux petits villageois qui marchaient pieds nus sur le chemin poussiéreux. Lorsqu'elle fut un peu plus grande, elle demanda à sa gouvernante pourquoi les enfants des domestiques avec qui elle jouait à la marelle dans la cour ensoleillée de la ferme, n'avaient pas de bottines rouges. La gouvernante lui expliqua de sa voix rauque que leurs pères ne portaient pas non plus de chaussures et qu'ils enveloppaient leurs pieds nus dans des loques quand ils partaient la nuit pour les champs de tabac. Le lendemain, ayant donné ses bottines rouges à l'une de ses camarades de jeu, elle reçut de son père la première gifle de sa vie. « Pourquoi mon père m'a-t-il battue? » se demanda-t-elle. Elle ne put trouver la moindre réponse à sa question. Un soir, bien des années après, en regardant dans la cour depuis le dortoir de Notre-Dame-de-Sion [1] avant de s'endormir, elle se souvint de la réponse qu'elle avait trouvée, grâce aux livres, à cette première question de son existence : bien sûr son père avait instinctivement obéi à ses intérêts de classe. Pour qu'elle puisse porter des bottines rouges, il fallait que les enfants des domestiques jouent pieds nus dans la cour, que leurs pères s'entourent les pieds de loques quand ils partaient pour les champs de tabac. Elle s'endormit aussitôt. Elle sourit dans son sommeil, rassurée d'avoir compris pourquoi son père l'avait battue. La même année, en se brossant les dents un matin, elle se regarda longuement dans la glace. Ses yeux noirs, son nez fin, la blancheur de son cou lui plurent. Elle se trouva plus belle que les autres filles. Elle se rappela que

1. Collège privé de jeunes filles à Istanbul tenu par des religieuses françaises. *(N. d. T.)*

son père venait très rarement la voir depuis leur dernière dispute au cours de laquelle ils s'étaient insultés, et ressentit une douleur indéfinissable. Elle voulut aussitôt l'éloigner. Elle se lava rapidement puis descendit. Tandis qu'elle lisait les gros titres des journaux sur les grèves, elle oublia tout, même son petit déjeuner. Un soir à Paris, quelques années plus tard, elle s'assit dans un café au bord de la Seine après son séminaire de psychologie. Elle mit beaucoup de temps à recopier ses notes. N'ayant pas encore touché sa bourse, elle ne put prendre un martini comme d'habitude. Puis elle regarda les murs de Notre-Dame qui se dressait de l'autre côté du trottoir. Le soleil du crépuscule donnait en plein sur les arbres, les vitraux de la cathédrale. C'était un tiède soleil d'été. Quelque peu mélancolique, mais infiniment généreux. Il errait sur les rues sales au-dessus de la foule pressée du soir, et illuminait le bassin de sable des jardins de l'Archevêché. Des enfants jouaient dans le sable en s'interpellant. Nilgune se rappela la cour ensoleillée de la ferme, la gifle qu'elle avait reçue de son père pour avoir donné ses bottines rouges à l'une des petites servantes avec qui elle jouait à la marelle. Elle pensa que la réponse à l'une des premières questions de son existence sur la cause de la gifle donnée par son père, qu'elle n'avait pu trouver à l'époque mais découvrit bien des années après dans le dortoir de Notre-Dame-de-Sion où elle était pensionnaire, allait s'avérer insuffisante. Il lui sembla voir de plus près l'énorme main de son père s'abattant de tout son poids sur sa joue. C'était une main rougeaude, couverte de poils noirs. Tandis qu'elle pleurait dans les bras de sa gouvernante, elle avait senti non seulement sa joue mais tout son corps s'enflammer. Elle sourit en se rappelant qu'elle avait crié à son père en plein réfectoire : « Tu n'es qu'un salaud aux mains couvertes de sang! C'est toi qui es responsable du malheur de milliers d'ouvriers! » Son père avait tout à coup changé de couleur. Son visage s'était empourpré de colère. Dehors le soir descendait sur les toits majestueux de Notre-Dame. Elle regarda les enfants jouer dans le bassin de sable. Ils étaient presque nus. Tenant de petits seaux à la main, ils essayaient de construire des châteaux avec du sable mouillé. Quand le temps fraîchira, ils grelotteront, se dit-elle. La Seine, un peu plus bas, coulait lentement. Les saules étaient au frais le long de l'eau trouble. Elle pensa à la rivière qui coulait juste au-delà du domaine de son père, à l'obscurcissement, dès la tombée du jour, de l'eau boueuse où les buffles se vautraient dans la chaleur d'août pour se rafraîchir. Et là maintenant, moi, je pense que sur son propre lit elle coule avec la rivière comme un voilier blanc, en fixant le plafond de ses yeux vides. Son corps emporté par le courant glisse doucement sur l'eau. Je ne peux pas dire à Enguine que ce corps inconscient de lui-même, privé de sa réalité, coulera ainsi au fil de l'eau jusqu'à ce qu'il trouve son poids spécifique et se satisfasse à nouveau du monde. Cela n'a aucun rapport avec le désarroi, ni avec les vacances de la mort. Ce sentiment qui actuellement m'envahit, cette présence physique de la mort, surgit pour me harceler non pas de mon imagination mais des choses elles-mêmes. C'est grâce à son corps qu'Enguine est parvenu à cette maîtrise de la réalité, à cette force vitale si éloignées de moi. Je l'ai mieux compris quelques mois plus tard à Antalya, la nuit où je suis descendu tout seul sur le port. Mais quand Enguine est venu voir Nilgune, de longues années s'étaient écoulées depuis mon dernier voyage à Antalya. Je venais juste de rentrer du village où je me cachais, ce lointain village de montagne où j'avais vécu pendant toute la durée de l'état de siège. Je tentais de m'habituer à la mer, à la foule des rues. Chez Nilgune cette nuit-là, Enguine et moi étions restés devant la porte-fenêtre s'ouvrant sur le balcon. Sa main était immobile sur la vitre. Peut-être conservait-elle toujours quelque chose de cette main lasse qu'il avait abandonnée à la fraîcheur de l'eau vive, bien des années auparavant. Je l'ai mieux compris lorsque j'ai plongé ma propre main dans la même eau vive, quelques années plus tard. Mais à cette époque-là les doigts d'Enguine n'avaient pas cette teinte crayeuse. Nous habitions à Antalya dans la maison d'un ami instituteur. Il m'accusait de ne pas remplir ma mission politique à cause de mon goût excessif pour l'eau et le soleil. Je me rappelle qu'un soir, au retour d'une réunion, il avait plongé sa main dans la rivière souterraine qui bouillonne sous la petite mosquée du port. Une main dont les longs doigts ondulaient doucement sur les galets ronds. Une main lasse, aux veines bleues. On ne lui avait pas encore arraché les ongles. Une autre nuit chez Nilgune, quelques années après, les doigts d'Enguine paraissaient démesurés dans l'incidence de la lumière du réverbère. Cinq doigts minces sans ongles. Enguine avait oublié ses doigts depuis longtemps. Rien le concernant ne l'intéressait. Il envisageait d'autres actions, nourrissait de nouveaux espoirs. Son corps s'était retrouvé dans sa totalité, avait surmonté la douleur et l'illusion. Et moi j'étais resté obsédé par l'absence de ces jeunes ongles qu'un quelconque gradé avait arrachés avec je ne sais trop quel plaisir louche. Quand au petit jour Enguine repartit pour Ankara par le premier autocar, la trace de ses doigts est restée longtemps sur la vitre. Nous étions aux derniers jours de l'été. Dans la fraîcheur du matin le carreau s'embuait de l'intérieur. Peut-être n'étaient-ce pas cinq longs doigts qui avaient laissé cette empreinte, mais une douleur pour moi intolérable que je voulais exprimer à tout prix. Mais si une main, quelle qu'elle soit, s'abandonne longtemps à la fraîcheur d'une vitre, elle y laisse forcément quelque chose de son histoire. La vieille matière transparente acquiert une personnalité humaine douloureuse. La lumière qui en filtre ne doit plus être aussi éclatante qu'avant. Et le monde que l'on aperçoit en regardant au travers, est un peu celui d'une main juvénile aux ongles arrachés. Cette nuit-là chez Nilgune, alors que je regardais dehors par la porte-fenêtre s'ouvrant sur le balcon, j'ai vu la rue déserte, la lumière d'un bateau sans voyageurs glisser sur l'eau noire. Après le départ d'Enguine le jour s'est levé lentement. La mer, les minarets de l'autre rive ont surgi à la lumière. Quelques mouettes épuisées se sont envolées des rochers. D'abord des chiens errants, puis des femmes partant de bonne heure pour la plage avec leurs serviettes de bain sur le dos, sont passés dans la rue. J'ai pensé que bientôt, quand la chaleur d'août accablerait la ville, les chiens auraient la langue pendante et rechercheraient l'ombre d'un arbre ou d'un mur dont les mousses, par miracle, ne seraient pas desséchées. J'ai eu la vision de l'entassement des corps nus qui grouilleraient sur les sables brûlants des plages. Peu après, la voix rauque du vieux marchand de glaces emplirait les chambres aux rideaux tirés, les cuisines imprégnées d'odeurs d'huile. Des enfants l'entoureraient en criant à tue-tête. On était encore loin de la fin de l'été. Les hommes étaient insouciants, et nues les places qui se dilataient au soleil. Tandis que dans la pièce d'à côté Nilgune, engourdie par la morphine, fermait lentement ses paupières à l'aube, debout devant la porte-fenêtre s'ouvrant sur le balcon, j'ai regardé le matin peu à peu s'illuminer.

II
EXTRAITS DU JOURNAL DE SELIM

(On a retrouvé ce cahier bien plus tard. Il avait jauni, la plupart des feuilles étaient brûlées. Il y avait certainement d'autres choses qu'il aurait fallu sauver de l'incendie, plutôt qu'un cahier impuissant à faire entendre le cri des mots écrits dans la souffrance. Et puis, le monde fondé par ces mots qui emplissaient les pages aux bords noircis, était un monde difficile à comprendre. Il ne s'accordait guère au climat de cette époque où l'on devait être plus simple, plus décidé que jamais. Le sens des mots avait sombré dans l'abstraction, leurs champs d'association étaient délimités par les perceptions d'une conscience brisée. Même si ces mots s'étaient transformés en cris, ils n'auraient pas été entendus pour la plupart, et s'il y avait eu des gens pour les entendre, ils auraient fait la sourde oreille afin de sauver des objets plus importants à leurs yeux. C'est pourquoi il faudra lire le journal intime de Sélim que l'incendie a épargné, comme on regarde un squelette dont les chairs se défont dans la terre, ou le négatif d'une photo surexposée prise à contre-jour. Dans certains passages se trouvaient des notations confuses, des dessins, des nouvelles découpées dans les quotidiens puis collées selon un ordre extravagant. La plupart n'ont pas été retenus ci-dessous. Quant aux deux longues lettres envoyées de

France par son ami Oghouz, elles ne proviennent pas du cahier, mais de la poche intérieure du blouson au col fourré que Sélim avait confié à Nilgune.)

...bien sûr ils ne comprendront jamais. Ce que j'écris là, ce sont des choses incohérentes, hors du temps. Mais il n'y a pas d'autre solution pour s'arracher à ces jours de crise que l'on vit tous ensemble, à la pente de la durée qu'il ne suffit pas de monter pour en voir le bout. Que d'autres tiennent la chronique de cette ville où l'on balaie chaque matin les cadavres dans les rues! Ceux qui parlent de l'espoir et du combat. Moi je suis tout seul. Et comme on m'a laissé tout seul, je ne pourrai pas changer le monde. D'ailleurs le monde n'est pas ici, mais dans les arbres. Oui, chaque matin à mon réveil, je retrouve le monde tout verdoyant dans les arbres. Mouillé, lumineux. Parfois quand il reverdit, il frissonne légèrement. Ici il y a des murs blancs, quelques livres, un lit glacé où je grelotte la nuit. Je ne suis pas au monde mais dans ma chambre, et le monde, lui, est dans les arbres. Le soleil, comme s'il traversait une boule de cristal, l'éclaire de part en part. La lumière s'infiltre même sous terre. Elle réchauffe la sève montant vers les feuilles. Je ressens chaque matin comme un peu plus extérieure à moi-même la sève tiède qui monte des racines vers les feuilles et nourrit le monde. Peu à peu mon corps maigrit, se dessèche. Peut-on glisser cette phrase d'Artaud dans ce que j'écris ici : « Se retrouver dans un état d'extrême secousse, éclairci d'irréalité, avec dans un coin de soi-même des morceaux du monde réel »? Il faut souligner les mots *extrême* et *secousse*. Le *monde réel*, lui, est chaque jour un peu plus dans les arbres, tout verdoyant.

C'est incroyable! En l'espace d'une semaine, les arbres ont dépéri. Au début personne n'y a prêté attention. – Et ils s'en moquent encore éperdument. Mais certains, sans pouvoir

même envisager la possibilité de s'y opposer, n'acceptent que contraints et forcés les arbres sans feuilles de la ville, ce paysage hivernal qui se poursuit au cœur du printemps; on le devine à l'inquiétude sur leurs visages.
La population de la ville a continué sa vie de tous les jours comme si de rien n'était. Aucune voix ne s'est levée contre le nombre chaque jour croissant des vers qui infestaient les branches, leur reproduction effrénée, leur irruption sur tous les arbres de la ville. Au cours de la semaine où ont disparu ces feuilles à l'ombre fraîche, plus douces que le velours, des enfants sont nés, des fiancés se sont mariés. Les écoliers sont allés à l'école, les employés à leur travail. Au cours de la semaine où les vers engraissaient de jour en jour, et face à l'indifférence générale, assaillaient les feuilles plus goulûment encore, chacun poursuivait sa petite routine. On a bu du thé, du tilleul, des gens sont morts. De nouveau le soir, des queues se sont formées devant les cinémas, on a changé l'eau des fleurs. On a parlé des affaires mauvaises, du temps qui était à la pluie, de tout, sauf de cet événement. Et maintenant les jeunes mariés qui sortent pour la promenade du soir sur le boulevard n'ouvrent plus leurs parapluies pour se protéger des vers tombant des arbres. Le matin les éboueurs ne balaient plus avec tendresse les gros vers tombés sur le trottoir, qui par miracle n'auraient pas été écrasés. Il n'y a plus ni vers ni la moindre feuille aux arbres. Mais tout est comme avant. Les gens sont las, les autobus bondés. L'absence d'ombre dans les rues n'offusque personne. J'ai déjeuné hier dans le restaurant de la tour de pierre léguée par les Génois. C'était une journée radieuse. En bas, la ville s'agitait doucement sous le ciel de printemps sans nuages. Les tuiles sur les toits étaient couvertes de suie. Le soleil s'abattait sur les maisons et les murs des édifices bourdonnants. Tout à coup j'ai compris que le trottoir était resté sans ombre, tout

nu. J'ai été le premier à y penser, à en souffrir. Du reste, c'est encore moi qui le premier avais deviné qu'il arriverait malheur aux arbres. Déjà les oiseaux n'y venaient plus depuis longtemps. Et quand les oiseaux abandonnent les arbres, l'affaire tourne mal, une catastrophe ne manque pas de survenir juste après. Comme avant le début de l'épidémie de choléra. Un soir, des nuées d'oiseaux avaient survolé la ville et disparu dans le bleu du ciel. De petites taches noires étaient restées un moment derrière eux. Personne ne s'en émut. La population de la ville ne fut pas du tout surprise par les arbres du boulevard vides d'oiseaux. Le choléra n'avait pas sitôt commencé que les morts furent enterrés dans de grandes fosses et recouverts de chaux vive. On brûla les masures des faubourgs d'où l'épidémie était partie, les bidonvilles, refuge des miséreux. Des mois durant, les camions transportèrent de la chaux dans les quartiers pauvres. Cette fois encore, je me suis inquiété en n'entendant pas le chant des oiseaux à la terrasse du grand café où je m'assieds tous les soirs. Ceux qui m'entouraient avaient l'esprit ailleurs. Devant leurs verres, ils s'esclaffaient et parlaient haut. Le grondement des voitures, les cris des vendeurs de journaux avaient envahi le café. Soudain j'ai remarqué qu'il n'y avait pas d'oiseaux sur les branches. Ils ne sont pas venus non plus le jour suivant. Un matin, en me promenant dans le petit parc en face de ma chambre, j'ai vu deux vers minuscules sur le tronc du vieux mûrier. Ils grimpaient sagement là-haut, vers les feuilles. Le soir j'ai entendu dans mon sommeil le bruit qu'ils faisaient en dévorant les feuilles. C'était un son lent, étouffé, comme le chuchotement d'une vieille femme. Il semblait venir non pas de l'arbre, mais des profondeurs de la terre. Il suscitait une vague impression de mousse. Impression douceâtre, évocatrice de mort. Le lendemain matin je me suis réveillé, ébloui par une vive lumière. La moitié des feuilles qui masquaient ma fenêtre n'était plus là. Le soleil passait à travers les branches nues et m'aveuglait. J'ai dû mettre ma main sur mes yeux. Ce jour-là les vers ont également attaqué d'autres arbres. A mesure qu'ils mangeaient, ils engraissaient, devenaient énormes. En l'espace d'une semaine, les arbres ont dépéri.

C'est incroyable! Hier en déjeunant au restaurant de la tour de pierre léguée par les Génois, j'ai regardé la ville comme on regarde une steppe, une colline chauve. Puis j'ai marché sur les trottoirs sans ombre. Le soleil brûlait. Pourtant l'été n'était pas encore venu. De retour dans ma chambre, j'ai verrouillé ma porte. De toute façon un jour on me demandera des comptes. Si l'on apprend que j'ai été le premier à remarquer les vers, on risque de m'accuser de ne pas avoir averti à temps les autorités. Pour le moment, les arbres ont beau ne plus avoir de feuilles, personne n'y prend garde. Mais l'épidémie fera sentir plus tard son effet. Aux premières chaleurs, d'abord les chiens en quête d'un endroit ombreux sous les arbres dépouillés, puis les hommes à leur tour deviendront enragés. Il me semble que je vois déjà sortir les chiens pour la battue, la langue pendante, la gueule pleine de bave. Il faut avertir les nôtres, car ça va nous retomber dessus.

N'est-ce pas maintenant la plus belle saison pour les arbres? Chaque matin, à mon réveil, est-ce que je ne retrouve pas le monde dans les arbres? En une semaine, les vers ont dévoré toutes les feuilles des arbres de la ville. Ensuite ils sont tombés en masse sur les trottoirs, sur les chaussées. Personne n'y a prêté attention. Les éboueurs les ont tous balayés avec la même tendresse, la même indifférence, comme on balaie des mégots. Maintenant les vers mangent les feuilles d'autres arbres dans une autre ville. Bientôt, là-bas aussi, tout se desséchera puis se transformera en steppe. Une battue, une épidémie de rage insolites, jamais vues, commenceront partout. Le matin, à mon réveil, je ne peux plus voir la verdure du feuillage. Le soleil passe à travers les branches mortes du mûrier et m'aveugle. Il me cloue brusquement à mon lit. Chaque matin, le monde est encore dans les arbres. Mais la sève ne monte plus vers les feuilles. Moi je suis là, dans mon lit. Et le monde réel, lui, est dans les arbres qui sont chaque matin un peu plus secs, un peu plus dépourvus de surgeons.

Je pense qu'il faut ainsi imaginer certains détails d'une grande fresque illustrant l'histoire de l'humanité, ceux qui seraient consacrés à l'époque que nous vivons :

TEXTES POUR UNE FRESQUE CONTEMPORAINE

La battue

Ils ont lâché les chiens et arrivent à cheval par-derrière dans leurs uniformes, qui sont-ils?

Les chevaux ont de longues encolures, des croupes ruisselantes de sueur. Tout sveltes, avec leurs harnais d'argent, comme ils filent à travers les ormes! En haut un ciel jaune; un nuage à peine visible. Peut-être un oiseau – un faucon? – peut-être l'ombre de la mort qui s'approche. Et la bourrasque des chasseurs en uniforme, comme elle file à travers les ormes! Le gazon frais étouffant le bruit des sabots s'étend à perte de vue. Je vois leurs ombres, les ombres qui avancent à toute allure sur le gazon ensoleillé, je vois les épaulettes. En bas, un chien caché dans les taillis; une gueule noire, celle de la bête aux aguets. Et les lévriers furieux aux dents jaunes, comme ils filent à travers les ormes!

Voici la biche! Toute seule, sans peur. Voici les yeux, le sang, le cœur de la biche! Son pauvre cœur égaré.

La biche court. La rumeur de la forêt familière la frappe aux oreilles. La rumeur de la forêt profonde dont elle connaît tous les arbres, tous les repaires. Elle ne fuit pas, la biche, elle court. Tranquille comme si elle allait s'abreuver, se fiant à ses pattes agiles, elle court. Et ses beaux yeux las, comme ils filent à travers les ormes! A l'arrière-plan, dissimulé dans le lierre, un long canon de fusil; un piège sournois à en juger par le sourire du chasseur. L'uniforme kaki se confond avec la verdure du lierre. A l'arrière-plan, un piège que la biche ignore, la mort en attente dans le canon glacé du fusil. Un coup de feu éclatera, la balle atteindra forcément la cible. Peut-être quelques moineaux s'envoleront-ils des arbres, peut-être que le soir tombera aussitôt.

Le ciel, comme s'il avait senti l'odeur de poudre, pâlit peu à peu.

Hé! vous qui regardez ce tableau comme on assiste à une battue! Jeunes, vieux, mes frères! Sachez que la chasse est désormais ouverte. Les détonations arrivent des campagnes, des châteaux lointains. Vous qui attendez la mort couchés sur le dos, solitaires, alcooliques! La chasse est désormais ouverte, reprenez-vous! La nuit, les détonations arrivent des carrefours.

Minuit

A minuit, sur des tanks, ils pénètrent dans la ville, qui sont-ils?

Ils ont abaissé leurs casques sur leurs fronts, on ne voit pas leurs visages. Les visières ont pris la couleur de l'ombre, l'ombre a pris la couleur de leurs visages. Ils n'ont pas de regards; rien n'a pris la couleur de leurs regards. Ils attendent, assis tout raides sur les tanks. Comme des rocs; froids, sans vie. Avec seulement au coin des lèvres un tressaillement imperceptible, une crainte silencieuse. C'est sûr, ils ont peur : de l'envol d'un oiseau, d'une fleur qui s'épanouit. Ils ont peur de l'éclat des étoiles et des livres. S'ils voyaient une fenêtre éclairée, ils feraient feu immédiatement. Leurs mains, leurs doigts sur la gâchette, sont si crispés. Enveloppés dans leurs capotes, ils s'enfoncent dans la nuit. Les tanks ont pris la place de leurs corps, leurs corps a pris la place de l'ombre. Avec leurs armes, leurs armes issues de la pierre qu'ils ont affûtées au cours des âges, ils s'enfoncent dans la nuit.

Ils marchent. Ils marchent et la ville bouge. Dans les pièces reculées, dans les sous-sols brûlent des lumières secrètes. Ils marchent, ayant oublié depuis longtemps leurs pieds et leurs mains. Leurs doigts se confondent avec l'acier des baïonnettes, les chenilles des tanks sont le prolongement de leurs pieds.
Ils marchent, pour transpercer une main qui écrit. – Cette belle main aux veines bleues empalée sur la feuille blanche saigne. La nuit, quelques papillons dans la lumière de la

lampe jamais éteinte, des livres sur la table, tout seuls. Le sang a souillé l'acier de la baïonnette, le blanc des mots non écrits. – Ils marchent, pour tirer sur la sueur du peuple et brûler les bleus de travail. Ils marchent, pour rompre par le sang le sommeil d'un jeune. Ils marchent et la ville bouge; la vie se retire dans les montagnes, dans les rivières souterraines.
C'est sûr, ils n'ont jamais touché le monde avec amour. Ils n'ont pas compris l'eau, les herbes, les insectes. Leurs pieds n'ont pas senti, ne serait-ce qu'une fois, la douceur de la terre. Voilà pourquoi leurs mains se sont transformées en baïonnettes, leurs pieds en chenilles d'acier. Voilà pourquoi ils se tiennent sur les tanks comme des stèles en forme de cercueils. Ils n'est rien resté dans leurs mémoires. Ni un sourire, ni le souvenir du premier baiser. Ni même des chansons fredonnées par une claire nuit d'été étoilée. Et leurs mémoires sont comme leurs regards; figées, vides. Rien n'a pris la couleur de leurs mémoires. La mousse a recouvert les murs des casernes qu'ils ont quittées. L'arsenal est vide, les oiseaux ont fait leurs nids sous les auvents. L'herbe a poussé au fond des gamelles.
Ils marchent maintenant dans les rues sombres de la ville. Les usines, les rideaux tirés ne laissent pas filtrer la lumière. L'obscurité enveloppe les cours, les façades des maisons; les marchés sont silencieux. Sous leurs pieds, les chenilles d'acier tournent en grondant. Ils marchent dans la peur et les ténèbres avancent en même temps qu'eux. A minuit ils investissent la ville de toutes parts.
Hé! vous les spécialistes d'histoire ancienne! Factionnaires, guetteurs de nouvelles, mes amis! Sachez que les Mongols sont revenus. Les grondements arrivent des villes, des rues. Vous qui cherchez le désert des Tartares sur de vieux atlas, fervents du savoir, fuyards de la peste! Les Mongols sont

revenus sur des tanks, reprenez-vous! A minuit, les grondements arrivent des places aveugles.

. . . .

Progressivement le désert envahit la ville. Le sable emplit les rues, les jardins des maisons, les bassins vides. Il a même bouché les égouts. A présent il s'amoncelle sur les toits. Les arbres dépérissent. Il n'y a personne dans le parc ni dans les grands cafés. Moi non plus je ne sors jamais. Dans ma chambre, je pense que chaque jour un peu plus, le désert recouvre la ville. Cinémas fermés, foire déserte. Les enfants ont abandonné les chevaux de bois. Le désert progresse. Le désert progresse, comment faut-il en rendre compte sur la feuille blanche du cahier qui depuis des jours reste ouvert devant moi? C'est facile d'écrire ce que l'on voit. Par exemple tout à l'heure une patrouille est passée dans la rue. J'ai entendu le bruit des godillots sur l'asphalte. Un bruit si habituel que je ne m'en suis guère étonné. Avant j'avais peur. Puis ma peur a fait place à la colère. Et maintenant tout m'indiffère. Désormais la voix humaine est plus étrangère que le bruit des balles, les pancartes dégoulinantes de sang plus proches que les réclames sur les murs. Voilà ce qu'il est facile d'écrire. Ils ont fait une descente dans l'immeuble d'en face. Des coups de feu ont éclaté. Un homme jeune a dû mourir. C'est facile d'écrire ce que l'on voit. D'ailleurs les journaux entassés sur ma table racontent tout ce qui se passe. Crûment, sans ambages : LES COMMANDOS PROTÉGÉS PAR DES GILETS PARE-BALLES ONT ACHEVÉ LEUR OPÉRATION DE NETTOYAGE EN UN QUART D'HEURE — 153 INDIVIDUS ONT ÉTÉ APPRÉHENDÉS, ON A DIVULGUÉ UNE NOUVELLE LISTE DE 73 PERSONNES — TROIS EXÉCUTIONS CAPITALES. Je découperai certaines manchettes de journaux pour les coller dans mon cahier. Ça c'est facile. Mais l'essentiel c'est de décrire la progression du désert. Le désert progresse et bientôt l'épidémie va

commencer. Nous avons eu le choléra, cette fois-ci ce sera la peste. Depuis des jours, l'eau ne coule plus, le courant est coupé. Le sable a obstrué les porches des maisons, les sorties de la ville. Au fond, tout est comme avant, je le sais. Personne ne se préoccupe des tanks entrés à minuit dans la ville, ni des Mongols en uniforme, avec leurs lunettes noires, qui circulent dorénavant dans de grosses automobiles.
Le feu ne brûle que là où il tombe. De toute façon il n'y a pas péril en la demeure. C'est comme pour le désert. Le sable n'a pas encore enlisé la ville jusqu'aux cheminées sur les toits. Mais le vent l'entraîne, en poussant devant lui le désert brûlant. Qui l'écrira? Qui écrira que jadis le désert était une mer et que désormais les fleuves remontent vers leurs sources?
(De gros titres découpés dans les quotidiens avaient été collés sous ces phrases. Nous avons été obligé de mettre des points de suspension à la place des mots qui manquaient, car certains fragments n'ont pu être retrouvés; la colle avait séché et ils étaient tombés, ou bien ils avaient brûlé.)

Le calme et l'ordre public... une fois encerclés... rafales de mitraillette... ce fut terrible.
Un lieutenant de commando a sauté du toit voisin, et d'un geste prompt...
...des traces de balles dans la maison où on les a coincés... à l'issue du raid, ils ont été arrêtés.
La fin de ces égarés... des suspects recherchés... ont été abattus. L'individu appréhendé... la maison fut cernée.
Perquisition jusqu'au matin... ceux dont on attend la reddition... au moment où ils ont été tués... un grand soupir de satisfaction. Ils sont arrêtés un par un... Une prime de 7 500 livres a été accordée à celui qui avait révélé sa cachette.

L'ordre public... on donnera 50 000 livres à quiconque informera les autorités d'exception.
Des chiens policiers dressés... bien qu'on ait proposé de faire monter les chiens par une échelle de fer jusqu'à l'étage où se trouvaient les terroristes...

QUELQUES ALLÉGATIONS À PROPOS DE LA TORTURE

...j'ai été torturé pendant vingt-quatre heures très exactement... ils m'ont poussé dans une pièce au plafond humide, ils m'ont débandé les yeux... ils m'ont ligoté à la chaise.. d'abord au bout des seins... quand ils ont branché le courant... d'une douleur abominable... ils regardaient avec des éclats de rire sadiques... comme si ma cervelle, mes yeux me sortaient du crâne... sur l'eau salée ils m'ont... c'est un tas de viande qu'ils ont redescendu dans la cellule que j'occupais auparavant...
Les électrodes grillaient ma verge et mes testicules... tous les quarts d'heure...
...avec des bâtons en bois de cornouiller sur mon corps nu.. bientôt tu chanteras comme un rossignol, disaient-ils...

Au moment même où, comme avec l'électricité, j'allais m'évanouir sous la falaka[1]... le sang s'était mis à jaillir de la plante de mes pieds... mais alors qu'ils continuaient à frapper, par ailleurs... ils m'ont... dans l'anus un gros bâton... salope maintenant nous allons t'... les os apparaissaient, le sang giclait sur eux à chaque coup de gourdin... le médecin militaire confronté au danger de gangrène qui menaçait mes

1. Supplice qui consiste à frapper sous la plante des pieds avec une baguette en bois. *(N. d. T.)*

pieds... un commissaire obèse, les cheveux grisonnants, l'œil globuleux,... parmi eux il y en avait un qui avait les yeux bleus, énormes, un autre au crâne dégarni, surnommé « le vieux », auquel ils s'adressaient en l'appelant « Monsieur »... c'était un commissaire... un autre, courtaud,... plus tard... qu'il était officier...
Le même jour... livré à la police politique... qu'on appelle « le caveau », d'un mètre de long, d'à peu près soixante-dix centimètres de large... un homme ne peut tenir qu'en restant accroupi ou plié en deux... j'ai été de nouveau enchaîné.

Nous n'avons pas besoin de tes mains ni de tes pieds, c'est ta tête qu'il nous faut, disaient-ils, nous allons anéantir tes facultés de penser... ont branché le courant électrique...
...car le fait que nous ayons plus ou moins constaté que les individus résistant le mieux à la torture, surtout physiquement, présentent tous les symptômes de la schizophrénie... dans le but de créer sous une torture qui continuerait même après la fin de l'interrogatoire, une personnalité pacifique, craintive, effacée, ayant perdu son dynamisme...

(Une feuille de papier à dessin jaune recouvrait la page vide en regard. On avait découpé la forme d'un puits en plein milieu de la feuille qui s'était racornie sous les flammes comme du citron brûlé, et peint dessus en noir. Le puits se détachait sur le papier brillant comme une vieille guillotine au rebut. Au verso nous avons découvert ces lignes, presque illisibles :)

Mon ami, bientôt je vais partir, il n'y a plus personne ici. Je vais partir et t'abandonner. Le désert, lentement, a envahi la ville. Il n'y a plus ni lettres ni nouvelles. Les relations sont coupées avec l'extérieur, les montres se sont arrêtées. Les calendriers sur les murs indiquent toujours la même date. Tu le sais toi aussi, mais malgré tout tu résistes encore au temps. Le matin, à peine éveillé, tu remontes ta montre plein d'espoir. « Demain sera un jour nouveau, penses-tu, comme aujourd'hui. Le même vent n'agite pas deux fois la même feuille. » Tout joyeux, tu sors du lit et regardes la rue par la fenêtre. Dehors, une succession de corps nus jusqu'au cœur de la ville enlisée dans le sable. Le soleil frappe leurs visages. Au coin de leurs lèvres brille une goutte de sang, vestige de la nuit. Ils ont les yeux ouverts, le front livide. Leurs mains, leurs regards sont jeunes comme s'ils n'étaient jamais morts. Tu regardes le soleil qui bientôt se roulera dans les flammes pour aller se fixer au beau milieu du ciel. « Nos morts sont plus résistants que le roc, songes-tu, leurs corps ne se défont pas, même en plein désert. Et il me faut être aussi robuste qu'eux. » Mais quand tu te penches sur l'eau pour te laver le visage, tu me vois dans la glace : barbe de plusieurs jours, joues creuses. Des yeux de taupe en quête d'obscurité, éteints, sombres. Visage blême, aussi mince qu'une feuille de papier. Encore un peu et il va tomber : mes yeux se briseront en heurtant le sol, mes cheveux se disperseront dans le vent.

Mon ami, mon bel ami! Tu es pour moi l'être le plus cher, le plus digne de confiance! Allez viens, approche-toi un peu. Tu ne m'as jamais laissé seul. La nuit, quand je travaillais, tu as résisté au sommeil, à la fatigue. C'est toi qui as gravé les mots sur la feuille blanche devant moi. Dès l'aube, me prenant par la main, tu m'as entraîné dans les cafés populaires, sur les places grouillantes. Tu m'as appris qu'il fallait comprendre le monde et changer la vie. J'ai parlé avec tes mots, j'ai vécu avec les valeurs que tu as formulées. Mais depuis quelque temps je ne suis plus avec toi, je t'ai perdu. Je suis en plein désert, au bord d'un puits. Le désert a progressé et recouvert toute la ville, mais personne ne s'en rend compte. Je suis avec toi en plein désert, au bord d'un puits. Sur nos têtes le soleil est rond, brûlant. Ton ombre se confond avec la mienne. Dressés au-dessus du puits, nous attendons que le seau que nous avons jeté heurte l'eau. Le seau descend vers les ténèbres sans fond. Nos lèvres sont crevassées par la soif, de profondes rides barrent nos fronts. Ton front est collé à mon front, tes lèvres à mes lèvres. Le vent traverse nos cheveux poussiéreux et soulève vers le ciel les dunes de sable qui brillent au soleil. Le seau descend à toute vitesse. Nous attendons. Mais cette attente paraît interminable. Soudain il me vient à l'esprit que le puits est peut-être à sec depuis longtemps : « Nous attendons en vain, dis-je, le seau n'atteindra jamais l'eau. Le puits est à sec. Il se peut même qu'il n'ait pas de fond. » Toi tu attends, plein d'espoir. « Le monde est beau même si c'est un monde où, debout sur la margelle d'un puits tari, nous attendons que le seau atteigne l'eau! Oui, c'est beau de savoir que le seau descendra de plus en plus bas, de plus en plus profond, même s'il n'y a pas d'eau. »

Et moi j'ai l'intuition que je vais peu à peu te perdre, que je participerai inéluctablement à cette chute sans fin. Tout à coup, je prends la place du seau. Ce n'est pas pour chercher l'eau, mais parce que je ne peux pas supporter la chaleur; ni me nourrir d'attente et d'espoir. Le soleil se rapproche de plus en plus. Je te sens fondre sous la chaleur. J'ai envie de te toucher avec mes mains. Mais quelle que soit ma prise, mes doigts n'atteignent que mon corps chétif desséché par la soif. « Imagine » dis-tu dans une ultime tentative, mais ta voix vient de très loin, et voyant que j'échappe à l'étreinte de tes mains – de mes mains fluettes, impuissantes –, que mon corps suspendu descend lentement dans le puits,

« Imagine » dis-tu encore une fois, ta voix est encore plus lointaine maintenant, « Imagine donc! Le seau a atteint l'eau. Imagine la fraîcheur qui se répandra sur le monde quand nous le remonterons à la surface, imagine les étoiles scintillantes que nous sortirons du fond du puits! » J'entends difficilement tes paroles, tu es si loin. « Toutes les étoiles de la nuit du désert se déverseront sur nous comme des paillettes. Jamais l'espoir... » Je me mets à tomber dans les ténèbres insondables du puits.

Mon ami, mon bel ami, mon double! Pendant que je note ce rêve halluciné, je suis sûr de te perdre chaque jour un peu plus. Pourtant, toi, tu ne m'as jamais laissé seul. Tu as toujours été près de moi, tu as résisté au monde. En résistant au monde, tu m'as fortifié. Je partirai bientôt, pardonne-moi. D'ailleurs, depuis quelque temps, je ne suis plus avec toi, pardonne-moi! Celui qui s'en va, c'est moi, mais celui qui te perd, c'est encore moi. Nous ne sommes pas en plein désert, voilà longtemps que nous sommes ensemble dans le corps doux et humide de Nilgune. Ton front est collé à mon front, tes lèvres à mes lèvres. Entends-tu le seau descendre à toute vitesse? La ville s'est transformée en désert. Et n'oublie pas qu'un jour le désert deviendra la mer. Mon ami, mon double, ne l'oublie pas! Un jour, le désert deviendra la mer.

. . . .

Ils ont frappé Nilgune, et moi j'ai regardé. Ils m'avaient amené de force, j'ai regardé. La pièce était obscure, le sol couvert de sang. Je ne me souviens pas de leurs visages. Peut-être n'avaient-ils pas de visages. Peut-être n'avaient-ils jamais eu de visages. De leur vie ils n'avaient regardé dans aucun miroir, dans aucune eau. Des matricules ont suffi pour qu'ils se reconnaissent. Ils se sont donné pour tâche d'effacer du monde leurs visages. Je n'ai plus en tête que leurs corps. Des corps volumineux, gigantesques. Secs et durs comme des troncs d'arbre. A leurs postes ils étaient sournois, anonymes. Ils ont frappé Nilgune avec des gourdins. Pourtant ils avaient entre les mains les instruments les plus récents que la civilisation ait mis au point pour cette besogne. Ils ont choisi la voie la plus primitive, la plus directe. J'ai d'abord ressenti en moi une haine terrible. Je me suis mordu les lèvres. La douleur, lentement, a envahi mon visage. Puis soudain mon corps a faibli, mes pieds et mes mains se sont relâchés. J'ai frémi jusqu'à la racine des cheveux. En un sens, c'est bien que la douleur dure. Car il y a dans la douleur une tension qui, elle, au moins, vit et prouve la réalité du corps. Alors en un sens, c'est bien que la douleur dure. Mais moi j'ai regardé sans avoir mal. Mes yeux refusaient de se fermer. Je n'avais plus de réflexes. Ils m'ont frappé moi aussi. Surtout sur les mains. Nilgune n'a pas pu me reconnaître. Je crois qu'elle en était à son sixième jour sans sommeil. Lentement elle a basculé de la chaise, son front a heurté la pierre froide. C'est à ce moment-là que j'ai vu le sang. Le sang tiède se répandant sur le carrelage. Il a coulé un moment sans coaguler. Puis il a recouvert les autres taches, a épaissi, s'est arrêté. Des pensées du genre : « Comment effacerez-vous tout ce sang? » m'ont traversé l'esprit. Même si vous frottiez avec de l'acide et que vous laviez à la fontaine du bourreau, ce serait en vain! Peu à peu les mots ont perdu leur sens, je ne pouvais plus penser. Je me rappelle que ma conscience, comme mon corps, s'est dissoute et que le courant électrique passant de mes oreilles à mon cerveau, ébranlait en réalité une autre tête, d'autres fibres nerveuses issues de cette tête, d'autres organes.

La pièce était obscure. Comme c'est étrange, c'est toujours dans des pièces obscures que nous avons été ensemble Nilgune et moi! Voilà qui expliquerait peut-être la transparence de son visage. Son corps blanc dérivait toujours dans les ténèbres.

Le souvenir des pièces obscures où je la touchais et m'abandonnais entre ses jambes persiste encore. Comme les images défraîchies vieillissant dans les albums de famille. Nous sommes l'un dans l'autre sur le lit. Sa langue chaude, son souffle haletant errent dans ma bouche. Nos cheveux s'entremêlent, mes mains sont sur ses hanches. Je voudrais disparaître. Nilgune attire mon corps contre le sien, de plus en plus étroitement. Soudain je me mets à hurler de douleur. Elle me ferme la bouche avec ses paumes moites. Ses doigts se promènent un moment sur mon visage. Puis, doucement, elle commence à balancer mon corps dans le berceau de ses jambes. Mais c'est un corps vide, inanimé. Sans poids ni chaleur. Et moi, tout en bas, je suis seul dans l'obscurité humide. Une douceur radieuse m'environne. Je suis heureux. Mais bientôt elle va se mettre à crier elle aussi. Ses soubresauts me feront lentement remonter à la surface. Elle me repoussera dans le vide étroit de la pièce, loin de son corps dans lequel je viens juste de renaître. Hors de Nilgune, je tomberai dans le monde. La douleur m'ébranlera la tête. Je retrouverai mon corps chétif, ma présence charnelle dans les draps défaits que mes mains agripperont.

La pièce était obscure. Nous étions assis à moitié nus. Mais cette fois-ci nous n'étions pas seuls, nous n'étions pas l'un dans l'autre. Entre nous il y avait un mur invisible. Nilgune ne m'a pas reconnu. Elle n'avait pas dormi. Entre nous il y avait la froideur du carrelage couvert de taches de sang coagulé. Et nous avons encore écouté nos cris, les tressautements de nos cœurs sous le courant électrique. Sans avoir mal, en contemplant de loin nos corps à moitié nus. Je me souviens de l'entrée d'un homme chauve qui portait des lunettes de soleil. Nos tortionnaires se sont mis immédiatement au garde-à-vous. L'homme a fait le tour de la pièce sans regarder autour de lui.

Puis il s'est dirigé vers la fenêtre, a écarté légèrement le rideau. J'ai vu la lumière trouer la pénombre avant de heurter le sol. La lumière était une barre mince et brûlante. Elle a éclairé les taches de sang. Une belle journée, un arbre vert ont remué dans ma mémoire. Un instant le ciel s'est déployé. Puis tout s'est figé comme avant. Ce vide transparent m'a envahi de nouveau. J'ai essayé de penser au monde extérieur, à la mer, aux rues ensoleillées. Mais aucune image ne s'est réfléchie en moi. J'ai voulu me convaincre qu'un monde existait en dehors de moi, que même si je mourais, les arbres et les plantes vivraient en se nourrissant de la terre. Puis cette croyance, elle aussi, s'est dissipée dans le vide.

La pièce était obscure. Nilgune et moi étions assis face à face. Entre nous il y avait des hommes sans visage, aux corps gigantesques, et les lois qu'ils appliquaient. C'est elle qui la première a basculé de la chaise. Sa tête a heurté le sol. Peu après, sentant moi aussi la chaise où j'étais attaché se dérober sous moi, j'ai compris confusément que mon corps, mon corps las qui dans les chambres où nous faisions l'amour était poussé vers le monde hors de l'obscurité humide de Nilgune, et que je retrouvais dans les draps auxquels mes mains s'agrippaient, mon corps cette fois-ci se répandait sur une surface froide, en face mais pourtant très loin d'elle, en dehors du monde où je tombais chaque fois que je me détachais de son corps blanc.

. . .   .

TEXTES « D'ESPOIR »
SUR UN OPTIMISME MAL FONDÉ

Le jardin

Cet été l'herbe n'a pas envahi le jardin. Les arbres n'ont pas dépéri. Sur le visage de maman, le plus beau sourire du monde. Ses yeux et ses lèvres s'animent, dans sa chevelure il y a un ciel radieux. – L'optimisme serait-il une vieille photo, vestige du jardin de mon enfance! – C'est la fin de l'été, l'eau du puits va monter. Maman est jeune; les fleurs, les feuilles reprendront vie. Moi je ne suis pas seul au monde. Mon frère – je n'ai jamais eu de frère! – est rentré du service militaire, bientôt il se mariera. Mon père a retiré ses lunettes et lit un livre. Il abandonne au vent ses cheveux frisés. Le vent agite aussi les branches du pêcher. Au loin les montagnes. Les pluies sont proches. Le soir va descendre. Les étoiles tomberont sur le jardin, dans l'eau fraîche du puits.

La géographie

Je n'ai pas peur car même les desperados ne sont pas morts. Le vieux sorcier a ressorti du sol antique la hache de guerre qu'il avait enterrée. Le peuple se rassemble le long des fleuves. Il y a foule en mer, dans les vallées, sur les collines des déserts. La géographie changera. Les atlas, les formes du relief changeront. Je n'ai pas peur, n'aie pas peur toi non plus! Regarde, même les desperados ne sont pas morts. Dorénavant les calendriers, les conjugaisons changeront. On refera la syntaxe, les désinences de la mort n'auront plus cours. Ce n'est pas le sang mais la vie qui suinte des plaies des desperados couvertes de croûtes.

. . . .

Tu es comme du sang qui coagule. La lie de l'existence s'est déposée au fond de toi. – Je pense à ton trou : sombre, attirant, un peu humide. Sa mousse n'a pas encore séché. Il est aussi haut qu'une tour. La tour, ce grand vide qui pend la tête en bas vers ton fond. (Je divague tandis que mon corps lutte contre ce vide. Le gouffre en moi s'élargit. Ton vide ne serait-il pas le gouffre que je porte en moi depuis ma naissance!) – La lie de l'existence s'est déposée au fond de toi, je ne peux pas t'atteindre. Tu as dormi, je ne peux plus te toucher. Ici je suis seul dans la lumière de la lampe, avec ma mémoire rejetée sur les feuilles blanches. Ton corps est loin. Le vent qui erre dans les rues vides de la ville soulève le sable vers le ciel. Ils sont revenus. L'ombre envahissait leurs visages, ils tenaient à la main des armes de pierre. Cette fois ils ont tout emporté. Même les photographies. Le visage de ma mère s'en est allé. Le jardin, le pêcher, mon enfance douillette s'en sont allés. Je suis seul dans ma chambre à présent. Mon corps est loin de moi. Je ne peux plus écrire comme avant. Je ne peux même plus écrire sur l'optimisme. La géographie ne changera pas, ils ont emporté le jardin. Je sens mon esprit se disséminer sur le blanc du cahier abandonné par les mots, les mots que je n'ai pu exprimer; il s'éparpille comme de la farine tamisée sur la ville lugubre des tanks et des Mongols, face au vaste désert, face aux visages familiers des morts qu'on balaie dans les rues. La lie de l'existence s'est déposée au fond de moi. Comme un caillot de sang. Je ne peux plus m'atteindre. Je commence en me disant que, désormais, mes écrits sur ces pages seront le squelette des voix que j'entends dans le noir :

La mort, oui – partout dorénavant, oui – tend un piège, oui – qui va mourir, pas de réponse – à qui le tour, pas de réponse – le sang, oui – coule, oui – à grands flots, oui – mais il coagule, oui – doucement, oui – en épaississant, oui – ne sera jamais effacé, non – pas même à la fontaine du bourreau, non – le désert, oui – la peste, oui – les Mongols, oui – ne s'en iront jamais, non – pourquoi, pas de réponse – un jour peut-être, pas de réponse.

Ils frappent, oui – dans la pièce obscure, oui – avec leurs gourdins, oui – pas de lumière, non – nous ne pouvons pas nous toucher, non – à moitié nus, oui – face à face, oui – dans la pièce obscure, oui – elle ne reconnaît personne, non – sans sommeil, oui – ils frappent, oui – qui, pas de réponse – la pièce est obscure, oui – ils frappent, oui – qui, pas de réponse – la pièce est obscure, oui – comme avant, oui – toute blanche, oui – humide, oui – hurlant à tue-tête, oui – je ne suis pas dans son corps, non – je ne suis pas dans le monde, non – le monde est dans les arbres, oui – les arbres se sont desséchés, oui – le monde s'est desséché, oui – ne reverdira-t-il jamais, non.

D'ailleurs j'étais seul, oui – d'ailleurs j'étais impuissant, oui – pourquoi étais-je toujours seul, pas de réponse – n'y avait-il que moi à être impuissant, pas de réponse – d'ailleurs j'avais été ébranlé, oui – à cause de ma faiblesse, non – depuis longtemps, oui – à ma naissance, oui – et puis l'épidémie, oui – et puis le soleil, oui – et puis le raid, oui – le vent, oui – la chaleur, oui – le sable, oui – le désert, oui – et puis les tanks, oui – je n'ai pas eu mal, non – je n'ai pas eu peur, non – les chasseurs, oui – partout dorénavant, oui – tendent un piège, oui – qui est la biche, pas de réponse – qui va mourir, pas de réponse – dans la forêt, oui – la battue, oui

— les ormes, oui — les chevaux, oui — les uniformes, oui — les chasseurs, oui — ne se sont jamais lassés, non — ne se sont jamais reposés, non — leurs chiens non plus, non — leurs armes non plus, non — leurs balles non plus, non — à quelle époque, pas de réponse — dans quelle forêt, pas de réponse — et puis le désert, oui — et puis le sang, oui — avec leurs baïonnettes, oui – à minuit, oui — dans des pièces sans lumière, oui — les lampes ne se sont pas éteintes, non — même pas au petit matin, non — dans les pièces reculées, oui — des lumières secrètes, oui — ne se sont pas éteintes, non —

J'ai résisté, oui — longtemps, oui — au bord du puits, oui — avec qui, pas de réponse — avec mon double, pas de réponse — et ensuite, pas de réponse — dans le désert, oui — au bord du puits, oui — le seau descendait, oui — plus bas, oui — plus profond, oui — toujours plus profond, oui — il n'y avait pas d'eau, non.

Dans le jardin, oui — il y a bien longtemps, oui — avec maman, oui — attendions, oui — qui, pas de réponse — son visage rond, oui — dans le jardin, oui — à la fenêtre, oui — attendait, oui — ses yeux, oui — son sourire, oui — ses cheveux, oui — n'existent plus, non — même pas sur la photo, non — et moi alors, pas de réponse — et mon frère, pas de réponse — je n'en ai jamais eu, non — il n'est pas rentré du service militaire, non — mais nous étions heureux, oui — dans le jardin, oui — ils ont emporté, oui — et les livres, oui — et mon enfance, oui — et mon corps, oui — loin, oui — tout, oui — ils ne reviendront pas, non — les morts non plus, non.

Maintenant, oui — où suis-je, pas de réponse — maintenant, oui — je suis tout seul, oui — j'ai perdu, oui — dans la pièce obscure, oui — son corps, oui — mon propre corps, oui — je ne peux pas l'atteindre, non — je ne peux pas m'atteindre, non — à ma naissance, oui — il y a bien longtemps, oui — j'ai perdu, oui — dans la pièce obscure, oui — sa douceur, oui — sa blancheur, oui — j'ai perdu, oui — à ma naissance, oui — les jours, oui — la résistance, oui — j'ai perdu, oui — le jardin, oui — la terre, oui — ma mère, oui — elle n'est pas revenue, non — jamais, non — pourquoi, pas de réponse.

Le désert, oui — l'eau, pas de réponse — le puits, oui — le désert, oui — l'eau, pas de réponse — le désert, oui — le puits, oui — la mort, oui — le sang, oui — n'a pas cessé, non — la résistance, oui — la lumière, oui — n'a pas cessé, non — moi, pas de réponse — Sélim, pas de réponse — qui, pas de réponse — qui, pas de réponse — personne, pas de réponse.

(Bien entendu, tout ce que Sélim a écrit ne se réduit pas à cela. Nous n'avons pas restitué ici le cahier dans son intégralité, car la plupart des pages brûlées étaient illisibles. Nous avons supprimé les commentaires excessifs de certains passages et les constructions de phrase qui bouleversaient la syntaxe courante. Le journal de Sélim s'achève par le texte que vous venez de lire. Mais nous tenons à préciser que quelques pages plus loin, nous avons trouvé cette bribe de phrase, écrite sous le titre suivant : UN LONG ÉTÉ À ISTANBUL. « Même si l'été doit durer longtemps, la mort veut vivre désormais, même la mort... Alors je reviendrai, et quand le monde descendra des arbres et reprendra sa place, puisqu'il ne sera plus possible de fonder avec les mots une réalité nouvelle, de nouveau parmi vous je... »

Poitiers, le 15 avril 1970

Mon cher ami Sélim,

J'ai reçu une longue lettre de Védate postée d'Antalya. J'ignorais qu'il se trouvait là-bas ces derniers temps. Il ne me donne pas beaucoup de détails sur les événements auxquels il est mêlé. Il dit que pour des raisons politiques, il prolongera son séjour à Antalya. Il habite avec un ami, Enguine, qu'il a connu à l'Université du Moyen-Orient. Il n'en finit pas d'expliquer que celui-ci, débarrassé de ses propres contradictions internes, voit le monde et les hommes d'une façon vraiment saine. Il ajoute qu'il a beaucoup changé, qu'il a trouvé dans Antalya un climat propice à l'épanouissement de son être. Je t'envoie aussi quelques-unes des notes griffonnées à la va-vite sur un bout de papier qu'il m'a fait parvenir. Pour que tu puisses mieux comprendre à quel point notre groupe de trois vieux amis connaît des destins différents, dans des villes différentes. Comme si Védate, en vivant à Antalya, se vengeait de la solitude que je traîne avec moi, dans les rues de cette ville moyenâgeuse :

« La mer. Bleu foncé. Immobile au loin. Ce bleu n'est pas seulement un état que je perçois. Il se reflète également dans ma conscience, étreint peu à peu mon être. Pourtant ce n'est pas dans l'image que j'ai de lui qu'il se perpétue, mais en dehors de moi, dans sa réalité intrinsèque qui ne rend compte que d'elle-même. Ici, dans cette ville méditerranéenne où la lumière s'infiltre dans tout, chaque chose possède sa couleur propre. Les rues, les visages cireux, les sombres cours d'église ne se confondent pas. Tout ça est resté à Istanbul. Je pense à la rue Balik dans le quartier du Pied-de-la-Tour. Sur le lit étroit qu'il ne doit jamais quitter ces jours-ci, le corps mince de Sélim est tendu de désir. Ses pensées volent vers le bordel, vers les rues écartées. Il croit qu'il va disparaître sans s'être mêlé à ce monde en dehors de lui qu'il ne peut tout à fait percevoir. Puis, douloureusement, il s'installe devant des feuilles blanches. Il essaie de se réaliser dans le champ clos des mots, d'exister dans le monde des mots – de ses mots – dont chacun est porteur d'une parcelle de lui-même.

Peu à peu il s'installe au cœur de ce qu'il écrit et identifie son propre squelette à l'épine dorsale des phrases. Pourvu qu'un jour il ne rencontre pas une femme qui prendrait la place des feuilles blanches, de son gros journal intime dans lequel il écrit sans arrêt! Je préfère de beaucoup Sélim à tous mes amis. La raison en est claire. C'est mon double que j'ai étranglé avant qu'il ne pût grandir, se développer, s'emparer de moi complètement. Mais le fait de le voir vivre en un autre diminue, ne serait-ce qu'un peu, ma culpabilité. Pendant longtemps, Sélim s'est senti comme un être abandonné à lui-même, en dehors des choses. Il ne s'est pas mêlé à la foule. De la table du café où il était assis, il n'a pas arrêté de regarder le ciel calme, les arbres du boulevard. Pourtant il y a des hommes. Il y a des herbes, des insectes, des étoiles dans le monde. Antalya m'aura au moins appris cela. J'ai ressenti en moi la nature. En être un prolongement m'a rapproché du vert de l'arbre, des eaux froides de la rivière souterraine qui se jette dans la mer près du port. Là maintenant, le soleil donne en plein sur les tables du café où je suis assis face à la mer. Soleil brûlant du printemps. Je ne suis pas seul, il y a foule en moi. Le monde et les hommes me comblent. A peine le printemps a-t-il atteint les rives de la Méditerranée que le soleil réchauffe les eaux, illumine les rues et les tuiles rouges des maisons. La lumière s'insinue dans les murs blanchis à la chaux. Au loin, les montagnes. Elles tombent à pic dans la mer. Mais leur bleu, à aucun moment, ne se confond avec le bleu de la mer. Le ciel, les nuages aussi sont bleus. Mais la couleur du ciel, c'est le bleu ciel. Les nuages sont imbibés de bleu nuage. Leur surface a un peu blanchi. Le vent tiède qui souffle les emporte au loin, vers d'autres rivages de la Méditerranée. Dans cette ville chaque chose possède sa couleur propre, exprime sa vérité profonde. Je sens mon corps bien en place dans le monde. Désormais je peux aussi agir pour les autres. Délivré d'un grand poids, de la confusion de la rue Balik, mon esprit flotte en pleine lumière. L'écheveau des relations que j'ai eues jusqu'à présent se dévide peu à peu. Hier soir, Enguine m'a demandé comment j'avais vécu à Istanbul. Je me suis mis à lui décrire les cabarets borgnes du Pied-de-la-Tour, les grands voyages que nous faisions dans la chambre de Sélim. Il a esquissé un geste de la main comme pour dire : « Ce n'est pas le moment d'en parler. » Avec son geste, la froide nuit d'hiver a reculé puis s'est tapie dans un coin. Le visage de Sélim, les amis alcooliques rôdant dans la rue Balik, les peintres ratés ont été effacés, les murs sales des maisons de pierre se sont écroulés. Alors je me suis tu. Je n'avais pas grand-chose d'autre à raconter. Enguine a commencé à parler de la hausse des prix et de la nécessité de détruire le pouvoir des classes dominantes par la seule lutte armée. Nous aussi, rue Balik, nous discutions parfois de ces sujets. Mais quand nous avons abordé les problèmes relatifs à Antalya, tout a changé. Les mots ont aussitôt trouvé leur équivalent concret dans la vie. Avant de m'asseoir dans ce café et de regarder la mer, je me suis promené dans les rues. Je suis passé devant les maisons de la Citadelle. Les rues se prolongeaient dans la chaleur printanière qui étreignait mon corps et m'incitait à une douce mollesse, puis débouchaient sur d'autres rues. En bas, la vieille ville d'Antalya était comme un grand jardin entouré de murailles. Longtemps j'ai regardé les herbes qui jaillissaient des pierres antiques, les couleurs éblouissantes des fleurs.

. . . .

Je suis dans une ruelle qui descend vers le port. Maisons en bois, murs de jardin blanchis à la chaux, pots de fleurs alignés sur les rebords des fenêtres ou devant les habitations creusées dans les remparts. Et puis les tuiles. Dans la touffeur de midi, les tuiles cuivrées de la Méditerranée qui chauffent les nids des pigeons. Les portes des maisons et des cours sont ouvertes. Les hommes touchent la lumière, la lumière touche les choses. Proximité, transparence de tout. En bas, la mer couverte d'écume. Elle précipite en même temps sur les rochers les cris des mouettes et des milliers de tonnes d'eau salée. Mais le port est abrité. J'y ai rencontré les enfants de la Méditerranée. J'ai caressé les cheveux humides, imprégnés de sel, de l'un d'eux. Il venait juste de sortir de la mer. Sans s'étonner de ma blondeur, il s'est approché de moi, tel un chat débonnaire. J'ai regardé ses yeux : ils étaient aussi lumineux que le fond de la mer. Dedans, des poissons frétillaient. Leurs écailles bleues et luisantes brillaient au soleil. Ils ont de beaux yeux, les enfants de la Méditerranée, ce sont de beaux enfants. Ils savent rester debout sur les caïques des pêcheurs et les chalands remplis de pastèques, puis plonger dans la mer comme des hirondelles à partir de la digue ou des rochers. Ce sont eux qui vivent le plus la lumière. Avec leurs mains, leurs yeux, leurs corps brunis par le soleil.

. . . .

Il n'y a pas de vitres dans la maison de l'ami instituteur chez qui nous habitons, Enguine et moi. Pas plus que dans les autres maisons. Comme me déroute une ville sans vitres! Assis derrière la fenêtre sans vitres à feuilleter les journaux, de temps en temps je regarde dehors. Encore un peu et la rue va pénétrer dans la chambre. Les fiacres, les claquements des fers à cheval sont si proches. Le mur de la maison d'en face est comme un miroir; il réfléchit sur le plafond de notre chambre la luminosité des rues et de la mer. Je dois désormais me dégager de cette passion pour la nature. Il ne faut plus que le monde transparent de la lumière m'étonne à ce point. Je regarde les journaux ouverts devant moi : grèves, ouvriers tués. Les gros yeux de l'homme barbu qui a étranglé sa femme et ses quatre enfants. Il y a tant de choses à faire, à envisager. Enguine m'accuse de traîner dans les rues plus que je ne devrais. Il n'a pas vraiment tort. Mais s'il croit que je n'achèverai pas la tâche que nous avons entreprise, il se trompe. Je ne fuirai pas mes responsabilités. »

. . . .

Voilà mon vieux. Évidemment Védate est en pleine mutation à Antalya. Tout au moins paraît-il libéré des livres qui s'interposaient entre le monde et lui. On dirait qu'il a oublié tous ces livres dont il ne se séparait jamais à Istanbul, et qu'il n'éprouve plus le besoin de commenter chaque événement de sa vie. Il peut donc désormais toucher les choses. Il peut lire les nouvelles dans les journaux sans manifester de pédantisme. Que Védate écrive une si longue lettre sans parler de ses lectures, ne serait-ce qu'une fois, est vraiment incroyable! Mais l'intellectualisme lui a définitivement gâté l'esprit. Au fond, il n'est pas très différent de toi ni de moi. Même dans ses mots les plus simples, les plus naturels, il est impossible de ne pas reconnaître le résidu poisseux de cette forme de pensée dont aucun de nous n'a pu se défaire. Notre pédant se trouve pour la première fois confronté avec la nature. Sinon, comment expliquer qu'il te juge si malade, si éloigné du monde? Pour ma part, j'ai l'intuition que tu ne vas même plus dans ta chambre de la rue Balik. Comment l'ai-je appris? Les corbeaux me l'ont dit. Ils m'ont dit que depuis quelque temps tu vivais avec Nilgune. Dans cette ville, la moitié des oiseaux sont des corbeaux, l'autre moitié des chauves-souris. Il paraît que les cigognes et les hirondelles, à l'approche de l'été, arrivent pour disparaître aussitôt; c'est ce que m'a raconté la grand-mère d'un ami français dont j'ai fait récemment la connaissance à l'université. Mais trêve de plaisanterie. J'ai rencontré Nilgune à Paris. C'est une fille intelligente qui veut toujours être au cœur même de la vie. Le monde qui glisse entre tes mains ne pourra pas facilement échapper à son emprise. Elle t'a sans doute arraché depuis longtemps à la solitude de la table où tu t'asseyais dans le grand café. J'espère que tu ne traînes pas dans les sombres tavernes du Pied-de-la-Tour, avec ton obsession inconsciente du gouffre. L'image de la Tour de Galata s'abattant à la tombée du soir sur les vitres sales de ces tavernes, m'a marqué moi aussi. Mais je ne vais certainement pas te parler de Galata alors que se dressent les tours pointues de cette ville! Tu as dû enfin te mettre à écrire. Si je ne connaissais pas Nilgune, je penserais que les craintes de Védate à ton sujet se sont réalisées. Mais Nilgune ne te retiendra pas seulement avec son corps, elle te fera partager aussi son enthousiasme pour la lutte et la vie. Car elle ne se contente pas d'être au cœur de la vie, elle veut toujours être aussi au cœur de la lutte. Elle m'a vraiment éreinté à Paris! Nous étions toujours au premier rang dans les congrès et les manifestations. A Paris, même le révolutionnaire le plus déterminé, s'il n'appartient pas à une organisation politique, vit la révolution sur les couvertures de revue ou dans les manifestations. Il n'y a rien à faire, l'une des caractéristiques de l'Occident est de mettre sur le même plan la mode et la révolution. Sur ce point, aucun de nous encore n'a pu voir la réalité en face et se montrer suffisamment modeste.

Enfin qu'importe! je vais aussi te parler un peu de moi.

Je ne sais pas moi non plus pourquoi j'ai quitté Paris pour venir dans cette ville aux rues étroites, qui n'a d'autre particularité que ses églises romanes et gothiques. Peut-être pour rester seul pendant quelque temps avec moi-même. Peut-être aussi tout simplement pour fuir la fatigue de Paris. Je pense écrire ici un long récit qui aura pour titre *La Lampe*. La ville est sans vie, glacée. Il pleut souvent. Fenêtres toujours closes des maisons entourées de hauts murs de jardin, rideaux tirés.

Qu'on le veuille ou non, cette apparence terne du monde extérieur oblige à un retour sur soi, à un recueillement. Pour un étranger comme moi venu du Moyen-Orient, pour un Turc, il est très difficile de nouer des relations avec les gens d'ici. Au fond je n'ai guère envie, moi non plus, d'être avec les autres. Voilà bien des jours que je ne vais même pas à l'Université. Ma chambre est sous les toits d'une vieille bâtisse. On y accède par des escaliers en bois qui grincent sous les pas. Ils n'en finissent pas ces escaliers. A chaque pas, les planches pourries ploient et craquent. Quand je grimpe là-haut vers le ciel, je sais qu'une lampe lumineuse m'attend dans ma chambre. Cela éveille un sentiment difficile à expliquer. Peut-être est-ce la joie de laisser derrière moi un monde froid, immobile. Peut-être aussi la disposition à vivre une parcelle de durée qui n'appartient qu'à moi; prélude à cette solitude venant avec le soir. En montant là-haut, on sent des choses vieillottes à l'odeur de moisi se disperser sous les pieds. Comme si les escaliers allaient s'enfoncer dans des ténèbres insondables. Je ne peux imaginer l'obscurité comme une réalité à part entière, indépendante de cette ville où je vis, de ces rues que je parcours. Ici les ténèbres, de même que toute porte s'ouvre sur une autre porte, font place non pas à la lumière du jour, mais à de nouvelles ténèbres. Hier, par exemple, j'étais assis dans un café. En regardant à travers la vitre, j'ai vu la cathédrale. Construction sombre, glaçante, où les pigeons dorment dans les recoins. Elle se dressait immobile au milieu d'une des plus grandes places de la ville. L'ombre du clocher avait complètement envahi la place et s'était abattue sur les murs des maisons d'en face. Une vieille femme est sortie de la cathédrale et s'est avancée à pas feutrés de chat vers la terrasse du café. Elle portait des vêtements noirs. Avec sa canne sur laquelle elle s'appuyait de tout son poids, et son chapeau lui descendant jusqu'aux oreilles, elle faisait penser à un pèlerin du Moyen Age. Ses regards étaient aussi effarouchés que ceux d'un ermite. J'ai pensé à un moine ayant pris la route avec sa besace et sa foi, qui passait par des villes abandonnées, des cours de monastères en ruine. Il marchait vers des cités de troglodytes ignorées des Mongols qui n'avaient pu encore les mettre à feu et à sang. Il franchissait des collines pelées, des plaines nues et arides. Partout des morts. Des têtes d'enfant coupées, des cadavres maculés de boue, une femme empalée entre les deux seins. Il voulait atteindre les villes souterraines où se réunissaient les Chrétiens qui avaient pu échapper aux Mongols, fuir un monde où il n'était plus possible de résister par la foi à l'oppression, et se réfugier dans des cités obscures creusées comme des taupinières! Tous les jours, le moine marcherait dans les galeries humides de la ville éclairées par des lampes à huile et se rendrait à l'église en terre battue pour implorer Dieu. Il était dans une steppe maintenant. Il regardait avec appréhension le nuage de poussière s'élever au-dessus de la ligne où ciel et terre s'unissaient. Les Mongols s'éloignaient au galop vers d'autres pays. En haut le soleil, en plein milieu du ciel sans nuages, était plus ardent que jamais. Il illuminait la steppe, le visage barbu du moine qui s'avançait tout seul avec sa foi. Et moi j'étais en France, dans une petite ville de province. A travers la vitre d'un café, je suivais des yeux la vieille femme qui marchait sur la place. Elle s'est rapprochée de l'ombre de la cathédrale. Avec son chapeau à larges bords, et dans son regard la frayeur d'un moine fuyant jadis l'incendie mongol, elle s'est perdue dans l'ombre. J'ai attendu qu'elle ressorte à la lumière un peu plus loin, devant les maisons où le soleil donnait de plein fouet. Elle n'est pas réapparue, bien qu'un long moment se fût écoulé. La place était déserte. Le soleil de printemps éclairait la nappe blanche de la table où j'étais assis. J'ai remarqué deux petites taches sur le blanc de la nappe. Une main nerveuse avait dû répandre le verre de vin qu'elle tenait en tremblant. L'une des taches paraissait aussi foncée que le sang qui suinte à travers la croûte d'une blessure. L'autre, d'une couleur plus claire, restait sur la nappe comme une mauvaise broderie.

Comme c'est étrange! Une vieille femme sort de la cathédrale de la ville. Elle a choisi une heure où tout le monde travaille à part quelques voyous qui tuent le temps dans les cafés, et tandis qu'elle marche sur la place vide, elle disparaît dans l'ombre de la cathédrale. Et moi, assis face au pâle soleil de printemps, j'attends qu'elle sorte et reprenne sa place dans cette angoissante parcelle de durée que personne ne vit vraiment.

La vieille femme habite sans doute dans l'une des maisons donnant sur la cathédrale. Elle a dû marcher à travers l'ombre et regagner depuis longtemps sa maison. Elle ouvre tous les jours sa porte sur l'ombre de la cathédrale, puis s'engage dans cette longue nef de ténèbres. A peine est-elle entrée dans la cathédrale qu'une autre nef éclairée par des cierges s'étend devant elle. Tout au bout un Christ en croix aux jambes fines, à la barbe rare. Elle passe ses journées à contempler le visage douloureux de Jésus. La nuit quand elle dort dans sa chambre, Jésus est encore là, à son chevet, près des boîtes de médicaments. Sa chambre donne certainement par-derrière sur un jardin aux arbres nus. Dans cette ville, je dois le dire, je n'ai jamais vu d'arbres ailleurs que dans les parcs et le long de la rivière. On a toujours caché les jardins dans les cours ou derrière les maisons. On protège jalousement les fleurs non seulement des étrangers, mais aussi des voisins. Tous les jardins sont entourés de hauts murs. De murs aussi vieux, aussi moussus que ceux de la cathédrale. Par-delà les murs, la ville commence avec ses tours, ses toits gris, ses églises sur des places où débouchent des rues pavées. Et la pénombre que la vieille femme a pu interposer entre sa chambre et la ville s'épaissit de plus en plus. Car voici une ville où peut être occultée la lumière, cette réalité unique qui rend possible l'existence humaine dans ce bas monde. Quand je monte dans ma chambre, je sais que je laisse l'obscurité derrière moi. La cathédrale devant laquelle je passe tous les jours, les ombres des églises s'étalant de tout leur long sur les petites places restent en arrière. A mesure que les escaliers grincent, les ténèbres se dérobent sous mes pas. Et la ville s'éloigne avec elles. Je grimpe là-haut, sous les combles. Alors *La Lampe,* le récit que je compte écrire, sera l'histoire d'un homme seul qui cherche la lumière dans ce monde de ténèbres. Un étranger ne peut venir dans cette ville que pour réfléchir sur son propre passé, la nuit, à la lumière de sa lampe. D'une certaine façon, se fermer au-dehors c'est s'ouvrir au-dedans. En un mot, je porte encore en moi Istanbul, la rue Balik et vous. La nuit, quand j'allume ma lampe dans ma chambre, vous êtes là. Bien qu'ils soient très loin, les visages amis, Istanbul, les projets que nous n'avons pu réaliser sont là. Projets en suspens comme un film quitté avant la fin.

Voilà mon vieux. Pour ma part j'ai décidé, avant tout, de comprendre le monde où nous vivons. Rassure-toi : « C'est couvert de sang qu'on atteindra le lieu à atteindre. » Mais il me semble qu'arracher l'espoir aux entrailles de l'ombre ne sera pas chose aisée. La lampe de ma chambre sous les toits n'est pas aussi lumineuse que les rues blanches dévalant vers le port d'Antalya, mais elle éclaire bien. Et dehors la ville attend, froide, inquiète, comme un monastère du Moyen Age.

Je t'embrasse affectueusement

Oghouz

Poitiers, le 31 mars 1972

« Toi, la rose, ne meurs pas, le printemps reviendra! » Je suis dans le café en face de la cathédrale. Comme si depuis des années je n'avais fait que regarder cette froide construction de pierre, immobile en face de moi. Étais-je un vieux tableau cloué au mur? Qu'étais-je? Peut-être le temps ne s'est-il pas écoulé, peut-être n'ai-je pas vécu? Peut-être que le monde et les gens ont changé et que moi je suis resté toujours au même endroit comme un vieil objet abandonné au grenier à regarder en face de moi les murs moussus de la cathédrale. Comme un des vieux tableaux du café. Sans bouger, sans savoir si je vivais, si je respirais. Combien de temps cela dura-t-il? Je ne m'en souviens pas. Peut-être des années, peut-être le temps d'un battement de paupières. Puis la notion du temps m'est revenue. Printemps de l'année 1972, Poitiers. J'ai fermé les yeux pour oublier ce que je venais de voir à la télévision. Longuement je me suis laissé emporter par le flux trouble des images de ma mémoire. Ma tête s'est vidée, je n'ai plus rien perçu. Et maintenant en moi une voix amie n'en finit pas de répéter le même refrain . « Toi, la rose, ne meurs pas, le printemps reviendra! » Dans la bouche de qui l'ai-je entendu pour la première fois? Ma mémoire est confuse. Les images sont floues, les mots emboîtés les uns dans les autres. Impossible de les réunir. Tout est épars. Il faut que je sépare les images de l'entrelacs des mots. Dès que je ferme les yeux, j'entends de plus près cette voix amie : « Toi, la rose, ne meurs pas, le printemps reviendra! » Soudain en moi un flash aveuglant : LE CHAR. Et puis tout se remet en place. A nouveau l'obscurité qui pâlit et des fragments d'images qui s'escamotent à peine entrevus. La cathédrale dont l'ombre s'est répandue d'un bout à l'autre d'une des plus grandes places de la ville, se dresse juste en face, comme si elle allait s'écrouler sur moi. Donc le soir tombera bientôt. Les ombres se sont déjà mises à s'étendre. Dès que le soleil disparaîtra, un frisson glacé parcourra les chambres; la nuit doucement recouvrira les hauts murs des jardins et les arbres nus le long de la rivière. La voix en moi s'éloigne. Je referme les yeux. Cette fois une route poussiéreuse de montagne se précise en détail dans ma mémoire. Un char tiré par deux bœufs étiques descend lentement la pente. Dans les montagnes le printemps est revenu. Les feuilles et les oiseaux sur les branches sont mouillés. Le soleil fait fondre les neiges. La rivière, gonflée par les eaux de débâcle, écume et entraîne avec elle des buissons, des arbustes arrachés aux flancs des montagnes. Les arbres sont en fleurs. Dans la terre un frémissement, une chaude amitié. J'ouvre les yeux. Je suis dans une ville médiévale, bien loin des chars et des montagnes de mon pays. En face de moi la cathédrale, avec les gargouilles qui s'accrochent aux chéneaux. De loin, je distingue mal leurs formes. Ce doivent être les oiseaux de l'Enfer. Je vois aussi le bas-relief au-dessus du portail d'entrée : LE JUGEMENT DERNIER. Les figures ont été sculptées avec maîtrise dans la pierre. Les morts redressent la tête hors du charnier et regardent Jésus. Il y a parmi eux quelques anges aux ailes volumineuses. Avec leur aide, Jésus sépare les élus de ceux qui sont condamnés au brasier. A sa droite se tient Marie, à sa gauche saint Jean. Leurs regards aussi sont durs et leurs visages impénétrables. Les morts et les rapaces de l'Enfer deviennent peu à peu informes dans l'agonie de la lumière. Jésus se tient droit sur son trône avec sur la tête une auréole de moire, taillée dans le marbre froid. L'obscurité du soir n'arrive pas à l'envelopper complètement. A la télévision du café la publicité a déjà commencé. Donc il va être huit heures. Pourtant il ne fait pas vraiment nuit. Je peux voir au loin les volets clos et les couleurs sales des maisons. Dans le café, on a allumé les lumières. J'ai été soudain ébloui. Mais très vite je m'y suis habitué. Maintenant l'ombre de la cathédrale se retire lentement de la place. En moi sans cesse le même refrain que répète cette voix familière : « Toi, la rose, ne meurs pas, le printemps reviendra! » Dans la bouche de qui l'ai-je entendu pour la première fois? En moi la voix s'amplifie. Puis les sons s'entremêlent. Mais les mots sont proches, amis. Je regarde le clocher. Encore un peu et la croix pointue là-haut percera les nuages. La giboulée de printemps qui tombe d'habitude à l'aube commencera avant son temps. Maintenant le char traverse la place vide de la cathédrale. Dessus, dix morts tout jeunes. Leurs têtes sont l'une contre l'autre. Leurs visages et leurs vêtements sont ensanglantés. Je ferme les yeux. Le char descend lentement la route de montagne. Maisons blanches de la mer Noire parmi les pépinières et les échalas à tomates. Je me rappelle soudain les maisons dispersées des villages de la mer Noire. Comme si chacune, un peu boudeuse, avait fui furtivement dans un coin. Le car traverse à grande vitesse les coudraies. Tu es à mes côtés. « Ici ça ne ressemble pas beaucoup à votre Istanbul, les Lazes [1] n'aiment pas que le violon, ils aiment aussi les armes », dis-tu. Moi je regarde ton visage fin et bistré, tes grosses moustaches. Derrière la vitre défile le bleu écumant de la mer Noire. Nous allons droit vers l'est. A l'avant, le chauffeur a attaqué doucement une chanson : « Toi, la rose, ne meurs pas, le printemps reviendra! » Sa voix est si transparente, si sincère que je me mets, moi aussi, à répéter : « Toi, la rose, ne meurs pas, le printemps reviendra! » Tu as souri derrière tes moustaches quand j'ai repris la chanson.

1. Ethnie caucasienne installée dans la région de la mer Noire. *(N. d. T.)*

Une tendresse qui laisse entendre que tu trouves cette chanson de l'Anatolie orientale indigne de moi se répand sur tes lèvres. Mais tu ne dis rien. Peut-être même y prends-tu secrètement goût. Au fond tu ne t'étonnes pas de l'intérêt ressenti pour une chanson kurde par ton ami philologue dont tu vantes à tout le monde les lectures de poésie française. Je pense qu'un jour j'oublierai ce voyage que nous faisons ensemble. Nous ne vivons plus dans la même ville. Depuis longtemps tu as abandonné tes études de philologie. J'ai brusquement envie de te dire : « Que deviens-tu? Tu n'es plus qu'un nom pour nous. Tu nous a complètement abandonnés. » Mais je me retiens de peur de te mettre en colère. Derrière les vitres du car défilent les tas de noisettes et les maisons en bois à un étage de la mer Noire. Tu commences à expliquer, peut-être pour briser le silence, qu'en fait tu n'es pas un Laze mais que c'est dans ce pays que tu as passé ton enfance et ta jeunesse. J'écoute à moitié endormi : « Nous sommes restés de longues années à Fatsa. C'est là que j'ai vu pour la première fois la mer et les noisetiers. C'est là aussi que j'ai commencé à aller à l'école. » Le car glisse sur l'asphalte. La voix émouvante du chauffeur se mêle au bruit du moteur. La plupart des voyageurs dorment. Toi tu continues ton récit : « Ici dans nos maisons il y a une pièce qu'on appelle *la vie*[1]. C'est la plus grande. Dès que la récolte est faite et que les noisettes sont ensachées, on les range dans *la vie.* Ce que j'aimais le plus quand j'étais enfant, c'était me glisser en cachette dans *la vie.* C'est à Fatsa aussi que j'ai connu les armes à feu pour la première fois. J'étais encore un lycéen quand mon père me donna un revolver. Il me recommanda chaudement

1. Jeu de mots intraduisible en français, fondé sur une homonymie : le mot « hayat » en turc signifie « la vie » ou bien la galerie extérieure couverte de certaines maisons anatoliennes. *(N. d. T.)*

de m'en servir le soir même à la noce de ma cousine et de ne plus jamais m'en séparer. Tu sais qu'à cette époque j'aimais ma cousine comme un fou. J'ai même eu alors l'idée de décharger mon revolver sur le fiancé. Je n'avais pas du tout ma tête à moi. Que veux-tu, c'est ça la jeunesse! Mais le fiancé était un brave garçon et je ne l'ai pas fait. Le soir à la noce, comme tout le monde, j'ai tiré des coups de feu. Mais pas en l'air. Sur la cheminée de la maison, qui fut criblée de balles. Tu as peut-être entendu dire qu'ici, pour honorer la noce, on tire sur la cheminée de la maison de la fiancée. Depuis ce jour, j'ai toujours eu sur moi le revolver qui provenait d'un armurier d'Aghsar. Mon père de temps à autre me disait : « Montre un peu ton pistolet! » Et nous nous souriions.

Dehors, le ciel s'est brusquement assombri. Des nuages de pluie se rassemblent. Le chauffeur chante plus fort pour lutter contre le sommeil : « Toi, la rose, ne meurs pas, le printemps reviendra! » Tu reprends la chanson toi aussi. Nos voix se mêlent un instant. Puis tu lances : « Je n'ai pas beaucoup aimé ces paroles. D'emblée elles suggèrent le désespoir. C'est évident car la vie de la rose est brève. Quelle drôle de chanson! » Je ne réponds pas. Comme tu es réaliste! Mes paupières s'alourdissent de plus en plus. Toi aussi tu es fatigué. Je le vois à tes moustaches qui tremblent légèrement. L'envie de dormir se fait terriblement pressante. Chanter ne sert plus à rien. Les maisons blanches de la mer Noire qui défilent derrière les vitres s'estompent une à une. Nous n'entendons plus les bruits de pas que fait la pluie sur le toit du car. La voix du chauffeur se fond dans le vide : « Toi, la rose, ne meurs pas... »

J'ai toujours les yeux fermés. Mais je ne suis pas près de toi dans le car. Tes yeux aussi sont fermés. La chanson que nous avons chantée ensemble est bien loin de nous maintenant. Nous aussi nous sommes bien loin l'un de l'autre. Mais il y a un instant je t'ai vu en face de moi. Ce fut très bref. Vous étiez dix et tous les dix vous étiez allongés sans vie sur le sol. Vos corps étaient criblés de balles.
J'ai pensé soudain à la cheminée de la maison de ta cousine. Pourtant les balles n'avaient pas été tirées à un banquet de noces, mais dans un guet-apens. D'ailleurs ce n'étaient pas des balles mais une grenade offensive qui avait noirci vos corps de cette façon. J'ai vu aussi la foule assemblée autour de vous. Un soldat, le poing sur la hanche, avait rabattu sa casquette en avant. Un autre, le fusil au bras, s'appliquait à poser. Juste derrière ta jambe arrachée se tenait un homme en imperméable noir qui avait tourné la tête du côté des spectateurs. Il avait les mains dans les poches et avait desserré sa cravate. Malgré la cigarette très longue à ses lèvres, je n'ai pas pu le reconnaître. Pourtant son visage me disait quelque chose, tout comme la cigarette qu'il fumait. Puis votre image en couleur est devenue plus petite sur l'écran de télévision. Cette fois je t'ai vu en gros plan. J'ai reconnu tes cheveux, ton visage fin et bistré. Une fois de plus tes moustaches étaient défaites. Tu étais sur le char, la barbe et les cils pleins de sang. Le char tiré par deux bœufs étiques descendait lentement la route poussiéreuse. Dans les montagnes le printemps était venu. Les feuilles et les oiseaux sur les branches étaient mouillés. Ta jambe dont la moitié avait été arrachée, se balançait dans le vide au gré de la rotation des roues et traçait dans l'air de petits cercles. Ta tête s'était rapprochée de celle de ton camarade, déchiqueté peut-être par la bombe qui t'avait emporté le pied. Tes mains étaient immobiles sur les planches que ton sang avait tachées. Le char

vous emmenait tout droit vers les maisons blanches de la mer Noire que nous avions regardées ensemble à travers les vitres du car. Vous franchissiez des ravins profonds et des rivières gonflées par la fonte des neiges. J'ai même entendu le grincement des roues de chêne. L'image a ensuite disparu de l'écran et s'est brisée, d'abord en moi, puis contre le mur de la cathédrale, là, juste en face. Un instant j'ai eu l'impression que le présentateur du journal télévisé changeait de voix et qu'il se mettait à chanter : « Toi, la rose, ne meurs pas, le printemps reviendra! » J'ai fermé les yeux. Une voix lointaine n'arrêtait pas de répéter en moi le refrain de cette ballade d'Anatolie orientale. Le char descendait en grinçant la route poussiéreuse de montagne.

J'ai toujours les yeux fermés. Toi aussi. Maintenant le char qui t'emporte s'approche de la cathédrale, là, devant moi. Si j'ouvre les yeux, je verrai juste en face de moi tes moustaches défaites et ton visage ensanglanté. Ton corps troué de balles prendra la place de Jésus sur la croix. L'ombre de la cathédrale qui envahissait complètement la place s'est déjà retirée. Maintenant il fait tout à fait nuit. Le char, dans la lumière cendrée que réfléchit le clocher de la cathédrale, vient droit sur moi. Je n'ouvre plus les yeux afin de pouvoir toucher tes moustaches défaites et ton corps déchiqueté.

Mon cher Sélim! En vérité ce n'est pas à toi, mais à N... que j'écris cette lettre. A lui qui n'est plus parmi nous. Son corps depuis longtemps s'est mêlé à la terre d'un lointain village de montagne, dans la région de la mer Noire. Ainsi que la terre se mêle au blé et le blé à notre pain. Ces dernières années notre groupe a bien diminué. Mais c'est sans commune mesure avec le cas de N... Je pense à la vie de N... A la vie simple et sans ostentation d'un ami avec lequel, en dehors de sa foi en la révolution, je partageais bien peu de choses. Sa vie traça une ligne si droite que nous en restâmes stupéfaits. Une ligne droite comme la trajectoire d'une balle sortant du canon du revolver que l'armurier d'Aghsar lui avait fabriqué. Mais sa vie ne put parvenir à la même profondeur que sa foi. Peut-être est-ce pour cette raison qu'il n'a jamais grandi, qu'il resta toujours enfant. La mort le surprit alors qu'il dormait dans *la vie* sur des sacs à noisettes vides. Que les murs soient criblés de balles, que son corps soit en un instant déchiqueté ne lui importa même pas. Il explosa comme de la dynamite et se répandit sur ce monde froid et douloureux en une retombée d'espoir. Maintenant au loin, son corps se mêle à la sève qui circule dans les troncs d'arbres.

Je suis toujours dans le café, à la même place. En face de moi, les murs de pierre moussus de la cathédrale. A la table voisine une famille nombreuse est installée. A la télévision, la publicité. Dehors, un soir couleur de cendre au-dessus du clocher. J'entends à nouveau des voix. Mais ce ne sont pas des voix connues, amies. L'une dit : « Aujourd'hui il y avait du soleil. J'ai emmené les enfants dans la forêt. En rentrant ils ont cueilli plein de marguerites le long de la rivière. » Cette voix douce ne peut provenir que de la femme d'un certain âge assise à la table d'à côté. En effet aujourd'hui le temps a été ensoleillé. Je ne me suis pas promené dans les ruelles ni sur les places vides comme j'avais coutume de le faire. Dans ma chambre j'allume désormais ma lampe même en plein jour. Je ne pense pas seulement au passé mais aussi à l'avenir. Oui, c'est couvert de sang qu'on atteindra le lieu à atteindre, mais en restant lucide. Pour les habitants de cette ville, la journée s'est achevée sans mort, comme elle avait commencé. Ils s'en sont retournés chez eux et se sont assis à des tables rondes, dans des cuisines bien éclairées. Moi, je suis resté ici, tout seul, dans le petit café en face de la cathédrale. Comme un étranger, comme un exilé qu'on refuse aux portes. A la table voisine, la femme d'un certain âge parle des tourtes de Pâques. La petite fille au ruban rouge, couverte de taches de rousseur, lance : « Allons chez grand-père ce soir. » La mère abonde dans le sens de sa fille : « Nous mangerons ailleurs des œufs en chocolat. Mais mon père fait mieux que personne les tourtes de Pâques. Pierre, te souviens-tu de notre petit four? Celui qu'on avait construit avec des briques de pisé?... » Puis elle décrit les tourtes de Pâques de jadis et les œufs en chocolat qu'elle mangeait dans son enfance. Pierre doit être son mari. Elle suggère qu'ils se couchent tôt ce soir et qu'ils aillent demain à la mer. « Très bien, mais si le temps se gâte? » « Dans ce cas on restera à la maison et on jouera aux dominos. Les enfants regarderont le film à la télévision. »

Non Sélim, je ne regarde pas leurs visages, comme tu l'imagines, avec étonnement. Bien sûr ils resteront à jamais indifférents. Le fait qu'aujourd'hui le temps ait été ensoleillé, que les enfants aient cueilli des marguerites le long de la rivière, est pour eux plus important que tout.

Voilà mon vieux. Tu vas comprendre que ma vie continue dans cette ville sous un ciel de printemps sans nuages. Stagnante et silencieuse, comme une barque dont la peinture est partie passe sans laisser de trace dans l'eau trouble de la rivière, quand les enfants sur la berge cueillent des marguerites. Bientôt je vais sortir d'ici. Avant de retrouver ma chambre et la lumière de ma lampe, je passerai devant la cathédrale. La nuit, une fois déserte, elle n'est pas différente d'un tas de pierres entassées les unes sur les autres. Même si l'on regarde de très près, on ne distingue pas dans l'obscurité les chouettes, les bœufs ailés et les sirènes des chapiteaux. J'entrerai à l'intérieur, je marcherai un moment dans la nef latérale illuminée par les cierges, identifiant mon être à la transparence des lustres de cristal qui pendent dans le vide. Au bout de la nef, il y a une assez grande statue de Jésus, sculptée dans le marbre froid. Je t'avais écrit, il y a quelque temps, qu'une vieille femme qui passait ses derniers jours à contempler cette statue, me rappelait un moine du Moyen Age abandonné, seul avec sa foi dans une cité de troglodytes. Je ne sais pourquoi, depuis peu, je pense que ce corps frêle cloué au mur par les mains en face de la vieille femme, n'a pas à supporter son poids réel, mais qu'il dérive dans l'obscurité comme un nuage ou une eau qui s'écoulerait lentement. Pourtant, depuis que je suis dans cette ville, moi aussi j'ai regardé maintes fois cette même statue : le visage fin, les longs doigts osseux étaient érodés, la barbe rare. Jésus avait plongé son regard dans le vide profond du temple. En réalité il ne regardait rien, il ne pensait à rien. Et bien qu'il ne fût qu'un bloc de marbre, il n'était que douleur en son corps. Moi j'étais un exilé, un étranger, à bout de forces face à lui. Même si je n'étais pas en accord avec le monde dans lequel je vivais, ma mémoire charriait d'innombrables images et j'étais conscient du poids de mon corps. La tête de Jésus, couverte d'épines, était légèrement inclinée. Ses côtes paraissaient toutes fines. Derrière la croix, on avait tendu un ciel jaune que de longs cierges éclairaient de chaque côté. Je crois que c'était un peu cette couleur qui rendait la statue si vraie. Mais maintenant il me semble que le corps en marbre glacé de Jésus, dont j'ai en mémoire toutes les lignes, a perdu sa pesanteur. Ce n'est pas une image, ni même une vision abstraite. Il dérive, mêlé aux ténèbres du temple. Pourtant dehors, Jésus se tient tout droit sur le bas-relief de pierre, au-dessus du portail d'entrée de la cathédrale. Sa tête n'est pas inclinée et sur son corps il n'y a aucune tache de sang. Il n'est pas sur la croix mais sur un trône majestueux du haut duquel il juge les hommes. Il sépare les justes, ces jeunes morts qui ont tracé une ligne profonde dans la vie, de ceux qui ont vécu comme des ombres. Car peut-être fut-il lui aussi l'un de ces jeunes morts dont les corps de douleur dérivent dans l'obscurité.

Bientôt je quitterai ce café. J'ai la nostalgie de ma chambre, de la lumière de ma lampe. En passant devant la cathédrale, je verrai la place vide et les ruelles où l'ombre peu à peu s'épaissit. Au petit matin, quand j'attendrai le sommeil dans mon lit, la pluie se remettra à tomber. Demain sera un jour nouveau.

Oghouz.

III

Nilgune sort de sa chambre, traverse le couloir à petits pas et s'approche de la porte-fenêtre s'ouvrant sur le balcon. Elle promène un moment ses doigts engourdis sur la vitre fraîche. Chaque matin après sa piqûre, une fois l'infirmière partie, elle y appuie ses mains comme si elle voulait rejeter de son corps la chaleur qui progressivement se répand de la racine de ses cheveux jusqu'à la pointe de ses pieds, en se concentrant aux articulations et sous les aisselles. Ce n'est pas vraiment de la chaleur. Plutôt une floculation, une purulence visqueuse qui se fige par degrés. Elle palpite d'abord doucement, puis tout à coup submerge Nilgune de toute sa densité, de tout son poids étouffant. Celle-ci sent peu à peu s'éloigner la fraîcheur au bout de ses doigts. Elle se demande pourquoi la vitre, qui laisse passer même la lumière, ne peut transmettre cet étrange liquide au-dehors, à la balustrade peinte en vert du balcon, ou plus loin, à la mer au bout de la rue, pourquoi tant d'objets transparents, si conductibles, ne peuvent réduire la viscosité qui envahit son corps. Levant les bras, elle appuie ses paumes sur les deux battants de la fenêtre, et cette fois de tout son long se presse contre le carreau. Les bouts de ses seins frémissent un instant, puis à nouveau ce liquide dense, cette chaude floculation purulente se propagent par vagues et l'envahissent de partout.

Peut-être, pense-t-elle, peut-être est-ce parce que je n'ai pas ôté ma chemise de nuit que je n'arrive pas à sentir dans mon corps la fraîcheur de la vitre. Ce morceau d'étoffe ne sert qu'à protéger le marécage qui bouge en moi, à l'empêcher de s'écouler au-dehors.

De toute façon la chemise de nuit est un objet à la texture serrée, moulant bien le corps. Pourtant la vitre est nue, limpide comme l'eau. Nilgune le sait très bien. Désormais, depuis que chaque matin elle s'est mise à vivre avec la même angoisse le laps de temps inscrit entre la montée de l'effet de la morphine et cet oubli profond dans lequel elle perd complètement son corps, elle sait très bien qu'elle ne pourra pas devenir la porte-fenêtre s'ouvrant sur le balcon ni être aussi transparente qu'elle. Mais elle résiste encore au sommeil, qui tel un liquide épais, lourd, étreint son corps puis sa conscience. En s'appuyant sur la porte-fenêtre, elle veut parvenir à la transparence, échapper ainsi à la viscosité du marécage qui par vagues se répand en elle. Elle saisit le cordon de sa chemise de nuit et tente de défaire le nœud étroitement serré à sa taille. Mais ses doigts las et tremblants s'immobilisent tout à coup. Elle se rappelle que la nudité, toute forme de nudité, même celle de son propre corps, lui fait peur maintenant. Quand a-t-elle éprouvé pour la première fois cette peur, cet étrange sentiment qu'elle ne pourrait nommer? Elle ne le sait pas vraiment. Elle a seulement en mémoire quelques images effacées. Une pièce obscure aux rideaux tirés. Des murs sales s'éloignant peu à peu. Sur la porcelaine fêlée du lavabo à côté d'elle, le va-et-vient de l'ombre des bâtons qui produisent une douleur désormais familière. Puis un corps se liquéfiant en même temps que grossit très vite sur le carrelage cette tache de sang tiède, un corps recouvrant tout mais qu'elle ne peut toucher, qu'elle regarde de loin sans en ressentir la réalité, qu'elle est obligée de regarder. Est-ce son propre corps? Ou bien cette blanche nudité salvatrice à laquelle Sélim, dans un dernier effort, s'agrippait en poussant des cris avant de retomber dans l'obscurité du lit étroit? Ou alors rien de tout cela, mais la photographie de sa mère nue qu'elle découvrit un jour dans le tiroir secret de son père? Nilgune pense que cette photo était restée des années au fond du tiroir, mais que l'image dans la grande glace de la ferme où elle se vit entièrement nue pour la première fois, n'était en fait rien d'autre que la photo de sa mère, morte en la mettant au monde. Elle revoit les miroirs de Notre-Dame-de-Sion. Elle reconnaît son long cou, ses regards vagues du temps où elle commençait à prendre conscience de sa féminité. Ses jambes sont toutes droites dans la grande glace de l'armoire de noyer qui encombre sa chambre à Paris, au dernier étage de l'hôtel. Rondeur des genoux; moiteur des cuisses, des aisselles. D'une main elle saisit son mamelon droit, l'autre est posée sur son sexe qui s'ouvre vers le plafond bas. L'index remue doucement dans l'humidité des poils dressés. Dans une autre maison, elle est à nouveau nue dans la grande glace de la salle de bains. Mais cette fois-ci elle se tient debout, les mains tendues au-dessus de la table en verre. Les gouttes d'eau échappées de ses cheveux se concentrent sur son cou, à la pointe de ses seins, puis ruissellent plus bas. Un instant son corps devient transparent dans la lumière qui le frappe de biais. Tout est si blanc, si lumineux qu'un peu plus et la rumeur de la ville se réfléchirait elle aussi dans la glace. Avant de se sécher, Nilgune se dresse dans cette clarté et ce monde de lumière. Comme une stalactite, comme une colonne. Une stalactite qui délivrée du sol s'accroche au ciel, une longue colonne taillée dans le silex. Elle regarde ses jambes mouillées, ses cheveux tombant sur ses épaules. Puis soudain se brisent tous les miroirs de sa vie. Son corps vole en éclats. Nilgune comprend qu'elle a désormais perdu son corps dont chaque fragment est resté dans la glace d'une ville différente, ainsi que son intégrité qu'elle croyait avoir saisie dans le grand miroir de la ferme. Pas seulement en imagination, mais en réalité aussi. Elle éprouve un désir irrésistible de déchirer cette photographie de sa mère nue que son père cachait à tout le monde et qu'il regarde peut-être toujours en secret. Les images refluent lentement de sa mémoire sous forme de lignes brisées. Bien des années après, elle se sent coupable de savoir qu'elle a perdu son corps, non seulement dans la transparence de la porte-fenêtre qui se dresse maintenant en face d'elle, mais aussi dans le passé; de savoir que sa nudité, aperçue pour la première fois dans la glace au cadre doré de la ferme, n'était en fait rien d'autre que celle de sa mère se perpétuant sur la photo. Bien des années après, alors qu'un matin elle veut se mettre complètement nue pour réduire, ne serait-ce qu'un peu, la viscosité de cette floculation purulente que la piqûre de morphine diffuse en elle, elle ressent cette étrange angoisse qu'elle ne pourrait nommer et frémit comme si elle était dans la salle de torture.

Sélim aussi frémissait. Au lit, sur la route, en autobus. Ou en tenant un livre, une feuille de papier. Surtout au petit jour lorsqu'il abandonnait sa tête lasse, son corps nu à ses mains blanches. Mais ce n'était pas parce qu'il avait froid. En un sens, avoir froid vous garde bien vivant et vous rapproche de la nature. Le frémissement de Sélim était d'un autre ordre. Doux, venant des profondeurs. C'était plutôt un spasme, une contraction n'ébranlant pas le corps, quoique visible à l'œil nu. Nilgune n'arrive toujours pas à comprendre que cette contraction palliait on ne sait quel manque, quelle nudité insaisissable restée dans l'ombre. Mais ce frémissement n'avait rien à voir en définitive avec le chaud ou le froid. Avoir froid vous garde bien vivant; ça aiguise la colère, la douleur. Nilgune le sait très bien depuis le jour où, dans la fraîcheur du matin, elle abandonna ses bottines rouges à la rivière qui coulait près de la ferme.

Elle s'était levée de bonne heure ce matin-là. Elle avait pris ses bottines sous le lit, puis était sortie tout doucement sans réveiller sa gouvernante. Il n'y avait personne dans la cour. Les domestiques, les poules dormaient. On ne distinguait pas dans le demi-jour le long bras de la pompe. Marchant pieds nus, elle avait atteint l'eau d'une traite. Elle veut de nouveau sentir sous ses pieds l'humidité du sol de ce matin-là, la rosée dégouttant des feuilles de vigne. Or, maintenant, elle est sur un tapis moelleux aux poils chauds. Ses pieds nus recouverts par la longue chemise de nuit qui traîne par terre sont insensibles, lointains. Et le tapis, comme les autres objets de la pièce, n'est que le prolongement de ce marécage qui bouge en elle, de cette épaisse floculation de pus. En dehors du marécage, seuls la porte-fenêtre devant elle et les verres ouvragés dans lesquels elle n'arrête pas de boire de l'eau, possèdent une réalité, une différence. Nilgune peut seulement imaginer la fraîcheur en tant que concept, et même cela est difficile. Elle n'arrive pas à comprendre pourquoi elle doit fournir un si gros effort pour pouvoir retrouver dans sa mémoire et l'isoler des autres le souvenir de la fraîcheur qu'elle sentit sur ses mains, le matin où la rivière emporta ses bottines. Sa mémoire est vide, inquiétante comme les rues d'une ville plongée dans les ténèbres. On n'y voit pas à plus d'un empan.

Elle avait eu froid aux mains. Bien longtemps après, elle se rappelle brusquement que c'est à ce moment-là qu'elle a eu froid aux mains pour la première fois. C'est son premier souvenir du froid comme sensation. Mais a-t-elle encore en tête ses mains potelées et rougies, le bout de ses ongles glacés? Ou bien a-t-elle gardé le souvenir d'autres mains, d'autres doigts transis? Par exemple, cette énorme main aux poils noirs, ces cinq gros doigts? Les doigts de son père, de Sélim, ceux d'Enguine décrits par Védate. Les doigts dont elle avait porté la trace sur sa joue toute une journée, qui lui brûlaient le visage tandis qu'elle pleurait dans les bras de sa gouvernante, ou ceux de Sélim saisissant dans l'obscurité ses cuisses en sueur. Les doigts de son père, de Sélim. Des doigts pelés comme des arbres sans écorce, des doigts aux ongles arrachés. Grelottant sur la vitre fraîche; solitaires, douloureux. Ils se ressemblent tous. C'est étrange! Les souvenirs sont comme les sensations. Ou il n'y en a pas, ou ils sont tous pareils. Ils heurtent la mémoire sous forme de vagues mourantes, puis se désintègrent. Sa propre main lui paraît être un papillon blanc posé sur une feuille de vigne. Elle ne ressemble guère aux autres mains glacées. Si le vent se lève, si quelqu'un – un homme, une fourmi – s'approche furtivement, il s'envolera aussitôt. Mais il n'y a personne. Ni mouvement, ni âme qui vive. Dans le demi-jour, pas une feuille ne bouge.

L'eau avait immédiatement saisi la peau à peine sortie du sommeil. Nilgune se souvient. Elle a encore en tête la fraîcheur de sa peau, de ses doigts aux bouts rougis. Elle avait retiré sa main des bottines trempées qu'elle tentait de faire flotter sur la rivière, puis avait soufflé dans ses doigts. Le papillon s'envolera bien plus tard. Non pas d'une feuille de vigne, mais d'une photo jaunie. Mais Nilgune ne veut pas se rappeler maintenant l'autre photographie du tiroir secret, près de celle de sa mère nue, elle ne veut pas se rappeller ses petites mains potelées qu'elle avait laissées sur les boutons étincelants de la veste croisée de son père. Elle pense aux bottines s'enfonçant près de la berge dans l'eau trouble, avant d'avoir atteint l'endroit où le flot de la rivière devenait plus limpide. Comme deux petits écureuils incapables de lutter contre le courant. Comme deux petits écureuils craintifs, dociles, qui se noient sans un cri, comme une paire de mains rouges englouties lentement par les eaux.

Tout était calme. Elle porte encore en elle le silence apaisant, insolite de la pénombre. Peut-être est-ce aussi le pouvoir apaisant d'autres matins, encore intact dans son souvenir et distinct de ce premier matin frais. Ce pourrait être un matin à Istanbul quand Sélim, souriant comme un enfant, ouvrait les yeux. Ou encore un autre matin à Paris, lorsque la lumière du jour rôdait sur la glace de l'armoire de noyer. Un matin de printemps tout simple, limpide. Loin de la douleur, des attentes fiévreuses. N'incitant pas au sommeil, n'éloignant pas du jour ni de la fraîcheur des rues.

On n'entendait ni le grondement des camions chargés de pierre gravissant toute la nuit le mont Karayuk, ni dans les jonchères le bruissement du vent qui se levait avec le soleil. Tout était calme. Aucun bruit n'avait effleuré le matin. C'était le premier matin de sa vie qui depuis ses mains se fût propagé dans son corps avec la fraîcheur de l'eau. Comme à l'aller, elle avait marché de nouveau sur la terre humide, franchi la cour pavée, abandonné son petit corps tremblant à la tiédeur du lit. Sa gouvernante transpirait malgré la fraîcheur du matin, et en respirant dans son sommeil, émettait des sons étouffés à travers ses lèvres charnues.

Avait-elle vraiment ressenti ce matin-là cette impression de vengeance en voulant noyer ses bottines? Ou bien était-ce après coup qu'elle avait pensé refouler son désir de vengeance d'alors en établissant une corrélation entre les bottines et les mains de son père se débattant dans l'eau, qu'une nuit, bien des années plus tard, elle verrait en rêve? On se souvient du passé non seulement à travers l'expérience vécue mais aussi grâce à la reconstitution qui s'opère par la suite dans la mémoire. Et même la plupart du temps, ce schéma imaginaire se substitue au réel oublié. Mais c'est comme si les bottines rouges venaient juste d'être englouties par le flot trouble de la rivière. Leurs virevoltes, leur éloignement de la berge avant de couler à pic, l'éclat de leur vernis rouge sont si concrets, il est tellement certain qu'elles ne seront plus jamais portées! Nilgune pense à la cause de la joie enfantine entremêlée de frissons qu'elle avait éprouvée ce matin-là. Même si cette cause ne lui a été révélée que bien plus tard, c'est une joie qu'elle connaît bien désormais et dont elle se souvient sans frémir. Une joie qui ne s'est jamais extériorisée, s'est modifiée faute de pouvoir être partagée, puis a cédé le pas au désir de vengeance. N'est-il donc plus possible de la ressentir pour de bon, de la vivre non pas comme un frémissement mais comme une joie authentique? Elle essaie de se rappeler un rêve qu'elle a fait une nuit à Paris. Il n'en reste rien dans son souvenir, à part quelques détails, quelques images superposées les unes aux autres qu'elle n'arrive pas à voir distinctement. Pourtant, à peine éveillée, elle avait noté ce rêve jusque dans ses moindres détails. Elle avait peut-être même inventé certains épisodes, en pensant certainement qu'ils faciliteraient l'interprétation du rêve, ou plutôt qu'ils dévoileraient sa véritable signification.

Elle se souvient très bien, dehors il pleuvait. Le jour n'était pas encore levé mais une faible lueur errait sur le plafond. De son lit elle avait écouté la pluie battre contre la fenêtre. Elle avait imaginé l'avenue qui passait en bas devant l'hôtel, toute trempée par la pluie au petit matin : des immeubles sales aux volets fermés. Le métro passant au-dessus de l'avenue bordée d'arbres. Les rails mouillés luisant dans la lumière indécise. Peu s'en fallait que la ligne de métro ne pénétrât dans les maisons. Les garde-fous d'acier étaient si proches des volets! La terrasse vide du café qu'elle longeait tous les jours avec ennui, le bitume noir, glissant, qui commençait là où finissait le trottoir.

L'avenue coupait perpendiculairement la Seine, mais lorsque l'on regardait par la fenêtre de l'hôtel, on ne la voyait pas. Elle coulait lentement dans le vide obscur, sous le pont de pierre. En faisant des bruits moussus, assourdis. L'avenue qui passait devant l'hôtel se prolongeait sur l'autre rive jusqu'à la vaste place, espace désert parsemé de bosquets. En pensant à ce monde concret dans lequel elle vivait, Nilgune avait cru s'imprégner du présent et se libérer ainsi de l'effet de son rêve. Immobile sur le lit, elle s'était longuement efforcée d'imaginer les vitres embuées des cafés, les trottoirs populeux qu'elle parcourrait quand le jour serait levé. Peut-être voulait-elle ainsi s'accrocher à la réalité quotidienne qui la cernait : le carrefour où la rame de métro ralentissait avant de rentrer sous terre. La ligne étroite, légèrement en pente. Mais si l'on regardait d'en haut – par exemple du deuxième étage de l'hôtel à peu près au même niveau que le métro – l'inclinaison n'était guère visible. Les garde-fous d'acier séparant les rails de l'avenue. Le profond tunnel, la gueule enténébrée, qui commençait là où s'arrêtaient les garde-fous. Puis au loin, les rails s'élevant de nouveau jusqu'aux arbres. Le restaurant chinois en face des murs sales de l'hôtel. Sa lumière rouge brûle encore. Elle n'a pas cessé de brûler cette lumière. Pendant des années, sans jamais s'éteindre. Et l'avenue. La grande avenue qui se prolongeait jusqu'à la place, sur l'autre rive du fleuve. Et puis les arbres. Les troncs d'arbre rugueux, coriaces, trempés par la pluie.

Ses paupières étaient mi-closes. Nilgune se souvient. Le passé l'envahit de plus en plus. Comme la floculation purulente, visqueuse, se figeant par degrés. Allongée sur le lit, elle avait replié ses jambes sur son ventre. Une autre réalité imaginaire, un chaos d'images terrifiantes s'étaient mis à prendre la place de ce réel juste au-dehors, tout proche d'elle, au sein duquel elle vivait tous les jours, qu'elle aurait pu toucher avec ses mains si elle l'avait voulu. Un moment elle était restée ainsi sans bouger, le sommeil avait de nouveau étreint son corps. Il s'agissait moins de sommeil que d'un état de semi-conscience et du désir de s'abandonner encore une fois au pouvoir du rêve qu'elle venait de faire, même si elle résistait en s'efforçant d'imaginer le monde réel qu'au matin elle découvrirait dans la rue. C'était un désir profond, irrésistible. L'obscurité de la pièce pénétrait par ses paupières alourdies. Il n'y avait plus ni métro ni avenue bordée d'arbres. La cour de la ferme la hantait. On y avait dressé une riche table de noce. Elle se réveillait dans une pièce assez grande, peinte en jaune, puis descendait dans la cour par un sombre escalier qui commençait on ne savait où. Elle portait une robe de mariée à jupe courte, laissant voir en transparence son corps nu. L'escalier de bois qui traversait la chambre jaune de la ferme et descendait en colimaçon dans la cour, oscillait à chaque pas.

En fait ce n'était pas l'escalier qui oscillait. Elle était seule sur le pont d'un bateau. Après avoir franchi l'Océan, il était entré dans l'embouchure de la rivière, puis, entraîné par des vagues faites de feuilles de vigne, avait jeté l'ancre dans la cour de la ferme. La table de noce n'était pas dressée dans la cour, mais sur le pont. Cependant il n'y avait personne autour. Au beau milieu de la nappe, la marmite était vide. Comme les assiettes, les verres, les aiguières. Le bateau luttait contre les vagues déchaînées se brisant sur sa coque. Elles étaient toutes vertes. Parfois elles balayaient le pont, atteignaient la table de noce et remplissaient de grains de raisin les verres vides, les aiguières d'argent. La corbeille à pain près de la marmite était en raisin. La lame s'élevait à toute vitesse, emportait les tranches de pain de la corbeille, laissait à leur place des grains de raisin. Alors la corbeille se transformait soudain en une lourde grappe pendue à son sarment. La vague, en se retirant, entraînait la grappe loin de la table et la précipitait sur le pont. Les grains lavés par l'eau verte s'y éparpillaient. Elle était seule sur le pont. Sans se soucier du vent qui faisait voler la jupette de sa robe de mariée, elle hurlait dans le vide : « Où sont ceux que j'ai invités à la noce? Et les servantes? les servaaantes? Où sont les journaliers du tabac, ma gouvernante, mes camarades aux pieds nus qui jouent à la marelle? Oooù? » Mais les vagues s'emparaient de sa voix et l'emportaient jusqu'aux pentes du mont Karayuk. Les mots volaient en éclats, se transformaient en des séries absurdes. Mais elles rimaient entre elles, ces séries. Elles ressemblaient aux phrases inscrites en gros caractères dans son livre de lecture. D'ailleurs quand Nilgune criait sur le pont, au bourg le vieil instituteur répétait lui aussi les mêmes mots. Toute la classe épelait le texte écrit au tableau :

MARELLE MARELLE BOTTINE COPINE CLOPINE. LOQUES ROC PAPA KASTARA. TABAC LA COUR OLIVES AUTOUR. RAISIN MA

NOURRICE OUVRIER MON COMPLICE. BONNES EN RIBAMBELLES A MANGER TEL QUEL MARELLE.

En atteignant le flanc de la montagne, les mots s'ordonnaient de nouveau et se transformaient en phrases interrogatives cohérentes. De ses mains tremblantes le vieil instituteur effaçait le tableau, les enfants tout joyeux se ruaient à l'extérieur par la porte de la salle de classe. Pourquoi mes camarades n'ont-elles pas de bottines? Pas de bottiiines?

Les questions se succédaient à toute allure. Pourquoi? Où est ma gouvernante? Où sont mes camarades avec qui je joue à la marelle? Leurs pères sont-ils encore allés aux champs de tabac? Allés aux champs de tabac? Toutes les servantes sont-elles parties pour l'oliveraie? Ne les ai-je pas tous invités un par un? Invités un par un? Pourquoi n'y a-t-il personne maintenant? Maintenaaant? Pourquoi n'êtes-vous pas venus à mes noces? Pas venus à mes noooces?
Ses cris couvraient même le grondement des camions chargés de pierre. On n'entendait aucun bruit sur le pont, hormis le tumulte des grosses vagues vertes d'écume. Nilgune reconnaissait les questions répétées par l'écho sur les pentes du mont Karayuk. Les points d'interrogation repartaient, franchissaient la plaine de Guédize, venaient s'enrouler comme des cordes autour de son cou, les mots se bloquaient dans sa gorge. Sa voix semblait sortir non pas de sa bouche, mais des sombres parois rocheuses du mont Karayuk. La montagne appelait de loin tandis que les vagues mugissaient. Pourquoi n'êtes-vous pas venus à mes noces? A mes noooces? Pourquoi n'êtes-vous pas venus? Pas venuuus? Venuuus?... nuuus?... uuus?
Le vent soufflait de plus en plus fort. Il avait même commencé à déraciner les oliviers, puis à les projeter au-dessus du pont.

Leurs branches mortes cassaient en craquant, elles s'accrochaient dans les cheveux de Nilgune et parfois à son voile de mariée. Tout était rempli d'olives luisantes. L'énorme marmite sur la table avait depuis longtemps débordé, le blanc de la nappe était couvert de taches d'huile. A croire que les olives pleuvaient du ciel. Nilgune, saisissant la rampe du bastingage, criait à son père sur la passerelle : Pourquoi? Pourquoi n'ont-elles pas de bottines? Pas de bottiiines? Bottiiines? Mais pas un mot ne sortait de sa bouche. Les points d'interrogation la prenaient à la gorge. Son cœur battait vite, ses yeux étaient exorbités.

Sur la passerelle son père tenait la barre. Son visage était écarlate. Se cramponnant à la barre avec ses gros doigts épais, il tentait d'empêcher le naufrage du bateau. Nilgune se voyait dans un miroir étincelant, juste à côté de son père. Elle était toute nue. Curieusement, la robe de mariée n'apparaissait pas dans le miroir. D'ailleurs c'était une glace de poche ronde, avec un coq peint derrière. On n'y voyait pas non plus la tempête. Ensuite la glace grandissait peu à peu et reflétait un corps nu, celui de la photo du tiroir secret. De temps en temps son père, tenant la barre d'une seule main, tendait l'autre vers la glace, puis essayait de lancer un S.O.S. en faisant apparaître et disparaître le corps nu de Nilgune – peut-être celui de sa mère. Le triste état de son père faisait rire Nilgune aux éclats. « De toute façon nous allons sombrer. Voilà que nous sommes deux bêtes restées sur l'Arche de Noé! Est-ce cette morte nue sur la photo qui nous sauvera? » s'esclaffait-elle. L'écho répétait dans la montagne : « Est-ce cette morte... qui nous sauvera? Sauveraaa? » Le vent le ramenait avec le grondement des camions, puis tout là-haut, le transformait en sirène de bateau.

Son père, désespérant du miroir, s'était mis à utiliser la sirène pour demander du secours. Mais au lieu des mugissements de la sirène, c'étaient les rires étouffés de Nilgune qui s'élevaient de la cheminée. Puis tout à coup le vent tombait. Les vagues refluaient, un silence effrayant recouvrait la plaine. Mais le bateau tanguait toujours. Et même encore plus qu'avant. Il roulait si fort que Nilgune se serait retrouvée au sommet du mont Karayuk si elle n'avait pas saisi la rampe du bastingage. Mais la table de noce était épargnée. Les verres, les aiguières d'argent, la marmite restaient en place. La corbeille à pain en raisin regorgeait de grappes. Son père s'était remis à demander assistance en faisant apparaître et disparaître avec sa main le sexe de la femme nue sur le miroir. Il portait son inévitable chapeau de paille. Il s'en servait de temps à autre pour faire des signes, puis dans son affolement oubliait de le remettre sur sa tête et l'accrochait à l'une des poignées de la barre qu'il n'avait plus vraiment la force de tenir. Son visage avait rougi comme une betterave, ses cheveux étaient hérissés. Il secouait sa grosse tête, regardait Nilgune d'un air implorant. Le vent avait cessé, les vagues en s'apaisant étaient redevenues des feuilles de vigne. Mais pour une raison inconnue, le bateau roulait encore plus qu'avant. D'un côté puis de l'autre. Encore un peu et il se coucherait sur le flanc dans la cour de la ferme, tel un chameau épuisé. Nilgune, pendue au bastingage, regardait en bas les branches d'olivier cassées, les feuilles que les vagues avaient laissées en se retirant.

La cour était jonchée de feuilles. Des fourmis les contournaient. Le dallage de la cour était presque sec. Les fourmis descendaient des feuilles de vigne où elles s'étaient réfugiées, se rassemblaient, puis se dirigeaient en colonnes vers le navire. A mesure qu'elles avançaient, leur nombre augmentait et leurs yeux phosphorescents grossissaient à chaque pas. C'étaient elles en réalité qui faisaient tanguer le bateau. Nilgune, suspendue dans le vide, pouvait examiner de près la situation. En fait les fourmis étaient les journaliers du tabac. Ils avaient enveloppé leurs pieds nus dans des loques, les casquettes étaient rabattues sur les fronts fatigués. Des femmes voilées se trouvaient également parmi eux. Nilgune, en regardant avec plus d'attention, arrivait à distinguer les servantes de la ferme et les camarades avec qui elle jouait à la marelle. Tous ensemble ils s'arc-boutaient à la coque après avoir encerclé le bateau. D'abord légèrement, puis plus fort. Selon un mouvement bien cadencé, ils reculaient et donnaient ensuite de brusques coups d'épaule. Sa gouvernante était aussi dans l'attroupement. Son voile s'était envolé, ses cheveux tressés se dénouaient. Des gouttes de sueur perlaient sur son front et ses joues rebondies. Elle régentait la foule, cognait violemment contre le navire avec son épaule. Sa voix rauque couvrait même les cris des femmes, le tapage des enfants. Hop là! Houp là! Houp laaà! Le bateau tanguait de plus en plus. Son père, stupéfait, ne savait que faire, puis abandonnant la barre qu'il ne pouvait plus maîtriser, il grimpait sur la cheminée et de là tentait de demander du secours avec le miroir. Nilgune quittait le bastingage, courait vers la table de noce, puis s'emparant à grand-peine de la marmite remplie d'olives, la vidait d'un seul coup sur la foule en bas. En un instant la multitude se dispersait. Tout le monde essayait d'attraper les olives au vol, les femmes déployaient leurs voiles comme des parapluies pour en recueillir plus. Les enfants s'arrachaient les grains qui par miracle avaient pu tomber au sol, ils commençaient à se chamailler, à se brutaliser, à pleurer. D'en haut Nilgune vidait aussi les aiguières, la corbeille à pain, les verres pleins de raisin. Les journaliers ramassaient les grains avec leurs casquettes, les engloutissaient aussitôt, et ceux qu'ils n'avaient pu manger, ils s'en remplissaient les poches. Parfois ils se querellaient, se battaient au couteau. Ils semblaient avoir oublié l'existence du bateau qu'ils défonçaient tout à l'heure à coups d'épaule. Alors Nilgune se mettait à pleurer : « Vous ne pensez donc qu'à votre ventre? Vraiment je suis offensée, humiliée. Eh bien, pourquoi n'êtes-vous pas venus à mes noces? Ne vous ai-je pas tous invités personnellement? N'est-ce pas moi qui vous préfère même à mon propre père? Vous avez empoisonné le plus beau jour de ma vie. » se plaignait-elle. Son père, voyant que le danger était écarté, poussait un soupir de soulagement, remettait la glace dans sa poche et commençait à descendre de la cheminée. Avant de se rendre sur la passerelle, il regardait la foule se disputer les olives et les grains de raisin. « Prenez, mangez tout! Tout vous appartient! D'ailleurs vous les avez cueillis, tout est à vous! C'est votre travail, c'est votre dû! » s'écriait-il sur un ton jovial. Alors en bas, se déchaînait une tempête d'applaudissements qui retentissait dans la plaine de Guédize. Son père montait sur la passerelle, reprenait la barre, remettait son chapeau de paille et sonnait la cloche du départ d'un air ravi. Maintenant le bateau allait lever l'ancre, quitter la cour de la ferme. Son père s'admirait dans la glace qu'il avait sortie de sa poche et faisait des clins d'œil enjôleurs à Nilgune qui sanglotait sur le pont. Elle hurlait à la foule : « Arrêtez, ce type vous trompe! La cale du bateau regorge de raisin. Il y a des olives à pleins sacs. Moi je vous ai donné ma part de dot. Ce qui vous revient de plein droit est dans la cale, vous comprenez, dans la cale! » Mais personne n'entendait. La foule grattait dans les feuilles de vigne qui jonchaient la cour, elle tâchait d'avaler les dernières olives noires, les derniers grains de raisin pris dans les branches mortes et entre les pavés mouillés. Nilgune ressentait dans son corps une douleur insupportable. Elle se couvrait le visage avec ses mains, se penchait au bastingage, puis tout à coup se laissait tomber dans les bras de sa gouvernante qui, toute seule en bas, tentait de renverser le navire.

En fait ce n'était pas le bateau qui tanguait. Elle allait et venait dans les bras de sa grosse gouvernante. Hop là! Houp là! Houp laaà! Ses langes étaient gluants de sueur. Elle regardait de ses grands yeux noirs la peinture jaune de la chambre et poussait des cris. Sa gouvernante avait beau la bercer, elle n'arrivait pas à endormir Nilgune. Alors sa nourrice entrait et la faisait taire en appuyant contre sa bouche son énorme mamelle.

Elle était dans l'escalier de bois qui s'élevait en colimaçon au milieu de la cour. Partout il faisait sombre. Elle grimpait les marches en courant, ouvrait la porte de la chambre jaune, entrait et se trouvait face aux jambes écartées d'une femme en couches. Celle-ci était étalée de tout son long sur une table en sapin. Elle était nue. Elle avait écarté les jambes, serré les poings. Ses cris se mêlaient au vent qui s'engouffrait par la fenêtre. Peu s'en fallait que son ventre gonflé ne touchât le plafond. Le médecin à son chevet lui auscultait le cœur au stéthoscope et examinait les mouvements de la matrice béante. Maintenant les ténèbres de l'escalier étaient juste devant Nilgune. Elles se dilataient progressivement, se contractaient, puis se relâchaient. Nilgune avait l'impression de rapetisser peu à peu. Elle ôtait sa robe de mariée, s'enroulait dans ses langes. Le temps avait fraîchi, la bise soufflant du mont Karayuk s'était mise à faire voler les rideaux dans la chambre. En réalité, qu'est-ce qui l'emmaillotait? Les langes? Le linceul de sa mère? Ou alors, rien de tout cela, mais les rideaux blancs qui entraient dans la pièce en même temps que le vent? Et puis que faisait-elle dans la chambre jaune? Ne lui avait-on pas défendu d'y entrer? L'escalier de bois, n'était-ce pas le cordon ombilical que le médecin venait de couper? Quand l'escalier s'était effondré, n'avait-elle pas culbuté au beau milieu de la cour en poussant des vagissements? Nilgune était passée de la semi-conscience à l'état de veille, sans que ces questions se fussent transformées en images ni qu'elle pût se souvenir si elle les avait vraiment formulées dans son rêve. Son sommeil s'était interrompu avant d'avoir atteint des zones suffisamment profondes. L'obscurité qui pénétrait par ses paupières avait fait place à la faible lueur de l'aube errant sur le plafond. Peut-être n'avait-elle pas dormi du tout. Et puisque la lumière au plafond n'avait pas augmenté, il ne s'était certainement pas écoulé beaucoup de temps. Elle n'avait pas pu rester davantage au lit. Elle s'était levée, et après avoir allumé la lampe, avait écrit jusqu'au matin sur les feuilles blanches quadrillées qu'elle utilisait pour ses notes au séminaire de psychologie. Elle s'en souvient très bien. Le récit de son rêve avait pris exactement huit pages recto verso. Dehors il pleuvait.

Maintenant, face à la porte-fenêtre s'ouvrant sur le balcon, elle comprend que ce cauchemar, ce chaos d'images qui ont brusquement envahi sa mémoire, n'émanait pas de son inconscient mais de son imagination. Elle avait multiplié à plaisir les visions mouvantes du demi-sommeil, puis s'était levée pour les noter. Elle se souvient maintenant des mots qui remplissaient exactement huit pages recto verso; elle tente de les substituer à son rêve. Car ainsi c'est plus facile, plus rassurant. Pourtant la relation entre les bottines et les mains de son père se débattant dans l'eau est plus enfouie qu'elle ne le croit, dans un recoin que sa mémoire ne peut atteindre ni arracher aux ténèbres. C'est vrai, elle avait noyé les bottines. En l'évoquant bien des années après, elle revoit le visage courroucé de son père. Sa gouvernante avait passé la ferme au peigne fin, et, pour finir, s'était crue obligée d'avertir son père. Celui-ci avait interrogé les servantes à tour de rôle, menacé inutilement ses camarades de jeu. Nilgune gardait le silence. Elle s'était toujours tue, même une fois l'interrogatoire fini et l'affaire oubliée, elle n'avait pas parlé. On peut se taire, si l'on y est résolu. Tenue éveillée, frappée à coups de gourdin, voilà ce qu'elle avait pensé dans la salle aux rideaux tirés. Et dans la cellule où elle était restée seule des jours et des jours après son arrestation. Malgré toutes les pressions possibles, on peut se taire, il suffit de comprendre l'importance de la réponse que l'on attend de vous. Il fallait que les bottines disparussent, que son père ne les revît plus jamais. La question : « C'est toi qui as volé les bottines de Nilgune? » se confondait quelque part avec une autre question répétée inlassablement par une énorme bouche aux dents jaunes : « Qui as-tu caché chez toi? »

On doit savoir se taire à propos. Non pas pour sauver quelque chose ni faire preuve d'héroïsme. Mais parce qu'on connaît l'importance de la réponse qui est attendue et qu'on sent qu'il faut à tout prix la garder pour soi. Mais parfois on peut aussi bâtir un mur de mots, se retrancher derrière et garder le silence toute une vie. Comme ses amis qui discutent beaucoup et éprouvent toujours le besoin de dire quelque chose, de donner une réponse. Ceux-là ne pardonnent pas à Nilgune son silence actuel, pas plus qu'elle n'avait pardonné à son père d'interroger les servantes à cause d'elle et s'était punie en se taisant des jours entiers, pas plus que son corps ne lui avait pardonné de ne rien dire dans la pièce obscure et s'était affaissé, tout flasque, sur le carrelage en même temps que coulait le sang tiède. Enguine par exemple. Mais elle ne pense plus à Enguine ni à son fidèle Védate qui lui tient compagnie au moins trois jours par semaine. Ses amis, ses amis avec lesquels elle a combattu et partagé tant de choses, ne sont même pas des souvenirs distincts. Mais plutôt des êtres inanimés, identiques aux objets qu'elle ne perçoit pas et évite de toucher. Ils ne s'approchent pas de Nilgune, même doucement, ils ne viennent pas par vagues successives envahir sa mémoire comme le font les souvenirs. En ce moment, toute sa vie est coincée entre les bottines rouges et le rêve qu'elle a fait à Paris. Dans sa tête, il n'y a pas vraiment place pour autre chose.

C'est vrai, elle avait noyé les bottines. Elle sait que le frémissement ressenti ce matin-là a toutes les caractéristiques d'une première sensation, même s'il se confond avec d'autres souvenirs, d'autres impressions. Mais seule cette vision associée au rêve qu'elle avait fait à Paris évoque la fraîcheur de ce matin-là. Les autres, par exemple le bateau se substituant à la ferme, le giron de sa gouvernante au bateau, les ténèbres de l'escalier de bois à la peur qu'elle avait éprouvée dans le giron de sa gouvernante, et en premier lieu sa descente par l'escalier à la table de noce, puis sa montée dans la chambre jaune où le sectionnement de son cordon ombilical avait peut-être provoqué la mort de sa mère, toutes ces visions ne sont rien d'autre qu'une élaboration secondaire. Ce sont des expériences volontaires de cauchemar, faites à Paris par une étudiante en psychologie et ajoutées après coup au rêve. Elle n'avait pas rêvé que son père se noyait dans la rivière – pour cela n'aurait-il pas fallu au moins que le bateau fît naufrage? –, elle en est certaine. Mais maintenant, face à la porte-fenêtre s'ouvrant sur le balcon, la seule image mêlée au premier frémissement de son enfance qu'elle ait encore en tête, c'est une main rouge couverte de poils noirs, se débattant dans l'eau, une main dont elle avait gardé la trace sur sa joue, il y a bien longtemps. Émergeant jusqu'au poignet de l'eau trouble de la rivière, elle implore du secours. Si personne n'arrive à temps, elle va être engloutie. Alors une autre main se profile à côté d'elle. Seraient-ce les mains suppliantes d'un homme qui se noie? Une paire de bottines rouges entraînées par le courant? Ou deux petits écureuils s'enfonçant dans l'eau sans un cri?

Encore des questions, et se multipliant avec elles, des bribes de souvenirs dont les contours s'élargissent. Nilgune, immobile, reste encore un moment près de la porte-fenêtre s'ouvrant sur le balcon. Dehors la lumière du matin baisse graduellement. Son ombre sur le mur de l'immeuble d'en face n'est plus aussi nette qu'avant. Il va pleuvoir, pense-t-elle, la pluie tombera à verse, défiant toits et auvents. Il lui semble que le marécage visqueux qui bouge en elle, cette épaisse floculation de pus, change lentement de place et se concentre au bout de ses doigts. Ses mains sont encore posées sur le cordon de sa chemise de nuit. Ses doigts n'ont pas défait le nœud. Elle ne ressent plus aussi profondément que tout à l'heure le besoin de se rafraîchir en s'appuyant contre la porte-fenêtre s'ouvrant sur le balcon où de grosses gouttes de pluie commencent à s'écraser. Elle sait que la floculation purulente s'atténuera peu à peu et s'échappera par ses doigts, sans qu'elle ait à se déshabiller. Finalement la morphine a vaincu l'insomnie. Avant de regagner sa chambre, de s'abandonner à l'oubli profond qui l'attend sur le lit, elle s'étonne de n'avoir pu encore surmonter sa peur de rester nue, puis traverse le couloir à petits pas en foulant le tapis. Elle ferme lentement les yeux en pensant que bientôt elle se débarrassera à la fois de son corps et de son passé.

Les murs sont à leur place, la fenêtre est fermée. Nilgune craint que la chaleur n'augmente dans sa chambre. La pluie ne frappe plus contre la vitre. Donc elle doit tomber moins fort. Après tout, c'est une averse d'été. Bientôt elle va cesser, la fraîcheur ne restera pas. Nilgune ne croit pas vraiment que le sommeil reviendra combler son corps vide. La pluie avait commencé quand elle se tenait tout à l'heure devant la porte-fenêtre s'ouvrant sur le balcon. Maintenant elle s'est déjà calmée. Bientôt elle cessera tout à fait. A nouveau le soleil donnera en plein sur les rochers nus du rivage. Il embrasera les rues pavées, les façades des maisons, la surface de la mer. Même la surface de la mer. Après tout c'est le soleil d'août. Encore chaud, implacable. Son corps s'habituerait-il à la morphine? Il y a peu de temps, quand la pluie avait commencé, elle avait failli s'endormir. A présent elle est allongée sur le lit, les yeux grands ouverts. Il ne pleut presque plus. C'était une pluie tiède, brève. Pourtant on dirait qu'il a plu toute l'année. L'averse a lavé la floculation purulente en elle. Le marécage ne bouge plus. Il a gagné en clarté, en transparence, comme s'il s'était purifié sous la pluie. La pluie est tombée longtemps, très longtemps. Elle l'a bien lavée à l'intérieur. Balayant souvenirs et visions. Maintenant, de nouveau, sa mémoire est vide, son corps sans pesanteur. L'effet de la morphine serait-il passé? Elle ne reconnaît personne, elle ne sait rien. Elle n'est pas au monde. Elle s'en va glissant sur les draps, avant de se répandre à la surface des choses. Comme l'eau. Comme un corps vide entraîné par l'eau.

IV

Pourquoi ai-je d'abord recherché Sélim?

Les questions que je me pose doivent avoir un sens. Que signifie : « Pourquoi ai-je d'abord recherché Sélim? » N'a-t-il pas été le premier de mes amis à abolir la distance entre Istanbul et moi? Voilà une nouvelle question. Impossible d'échapper aux questions. Si les questions s'accumulent, comment vais-je résoudre cette énigme? Encore une question. Ça n'en finira jamais. Des questions se forment sans cesse dans ma tête. Je dois au moins les mettre en ordre. Bien. Y a-t-il une énigme à résoudre? C'est sûr, il faut commencer par là. Y a-t-il une énigme à résoudre? Si Sélim a disparu, il réapparaîtra un jour. Ou jamais, qu'en ai-je à faire! Il se peut qu'il soit mort. Sélim a-t-il été le seul à mourir? Tous sont morts. En juin ou en janvier, sur terre ou sur mer, au loin ou tout près, tous sont morts. L'un dans une cour écartée, l'autre sur la pente la plus verte d'une montagne lointaine. N'étaient-ce pas des jours où la mort rôdait comme une mine à la dérive? Elle aura heurté Sélim aussi. Comment expliquer autrement sa disparition soudaine? Et si la mine n'a pas heurté Sélim, il sera allé à sa rencontre. D'ailleurs il n'arrêtait pas d'en parler dans ses lettres. Il écrivait qu'il voulait mourir de la mort de tous. Mais, alors, j'avais interprété autrement ces propos. Peut-être parce que je ne le voyais pas mourant jeune. Vivant, ne perpétuait-il pas un manque, une demi-mort? Du reste il y avait un post-scriptum dans sa dernière lettre : « Même la mort veut vivre désormais. » Cette dernière lettre ne ressemblait guère aux précédentes. Sa collision avec la mine m'avait sans doute paru impossible. Donc j'aurais dû lire entre les lignes. Ce n'était pas dans les mots mais entre les lignes que se cachait la personnalité militante de Sélim. Dès lors il n'y a pas pour moi d'énigme à résoudre. Disons que Sélim, comme les autres, était un mort en sursis. Le sursis terminé, il a rejoint la mort. Mais s'il en avait été ainsi, les journaux en auraient parlé. Ou du moins on aurait retrouvé son corps. Or, chez ses amis, aux frontières, la police recherche toujours Sélim. Un mandat d'arrêt a été de nouveau lancé contre lui. Disons qu'il s'est enfui dans un pays lointain pour s'y installer. Il est devenu l'homme d'une autre ville et d'autres rues. Il était sursitaire non pas de la mort, mais de lui-même. Il est revenu à la fin de son sursis. Laissant tout en plan, il a voulu vivre sa propre histoire dans une autre géographie. Il a oublié la révolution, il nous a oubliés.

Alors, à peine rentré de France, pourquoi ai-je d'abord recherché Sélim? Est-ce parce que je n'ai pas pu expliquer sa disparition si soudaine? Je ne le pense pas vraiment. D'ailleurs il ne reste personne, plus personne. Nilgune est malade, indifférente à ceux qui l'entourent. Couchée sur le dos, elle regarde le plafond toute la journée. On m'a dit que Védate était parti pour Antalya. De là, il a dû se rendre à Ankara et rejoindre Enguine. Pour militer dans un réseau révolutionnaire. Il faut que je m'habitue à l'absence des amis. Quand j'étais au loin, ils me paraissaient proches. Mais seulement quand j'étais au loin. Par exemple à Poitiers, je pouvais voir Sélim en allumant ma lampe. La nuit Sélim était dans ma chambre, même si je ne pouvais pas le toucher ni partager sa solitude, sa douleur. Et puis est-ce en restant près d'un être que nous pouvons partager sa douleur? Au fond Sélim ne souffrait pas. Il n'était pas seul non plus. La solitude est une notion très générale. Un mot qui ne convient pas à notre époque, aux jours que nous vivons. Sélim n'était pas seul. Je ne dois pas me méprendre sur certains extraits de son journal qu'il joignait à ses lettres. Il avait l'air d'être l'orphelin d'une douceur, d'une chaleur qu'il aurait perdue à tout jamais. Son corps s'en était détaché pour tomber dans le monde comme la pièce manquante de cette douceur. Dans le froid, il grelottait intérieurement. Il avait besoin d'un corps pour retrouver sa totalité et sa chaleur.

A Poitiers je pouvais voir Sélim. La nuit il était dans ma chambre. Quand j'allumais ma lampe, son visage s'éclairait avec d'autres visages amis. Comme des papillons attirés par la lumière. Je n'en ai oublié aucun. Je n'ai pas oublié non plus ceux qui surgissaient des photos de presse, des nouvelles à la radio et qui s'alignaient sur le mur de ma chambre. J'en avais vu certains dans des manifestations à Istanbul, ou bien au Café du Platane, d'autres n'étaient que des noms. Certains avaient une barbe hirsute, des lèvres desséchées, un filet de sang coulait sur leurs fronts. D'autres avaient fermé les yeux depuis longtemps. Ils faisaient les gros titres des journaux, on parlait d'eux à la radio. Ils sortaient de la télévision du café en face de la cathédrale et prenaient place, un par un, dans ma chambre. Le sourcil sévère, l'œil averti. Leurs regards glissaient du mur vers les livres sur la table, puis des livres jusqu'aux ruelles de la ville qui s'obscurcissait en contrebas. Voyaient-ils par-delà ma fenêtre le clocher qui perçait les nuages et la scène du Jugement Dernier au-dessus du portail de la cathédrale? L'obscurité du soir n'arrive pas à envelopper complètement Jésus, tout raide sur son trône. Jésus, avec sur la tête une auréole de moire taillée dans le marbre froid, paraît être l'un des nôtres. En jugeant les morts, il se juge lui-même. Il sait par expérience qui est un mort en sursis, qui a disparu pour de bon. Car, lui, avant de monter sur le trône, il a fait ses preuves sur la croix. Mais les visages dans ma chambre semblaient chercher, dans ce monde sans lumière, une clarté contemporaine. Leurs regards trouaient l'obscurité, passaient au-dessus des toits et des ruelles moyenâgeuses, puis revenaient sur le mur de ma chambre. Alors, juste à ce moment-là, j'allumais ma lampe. Dans la lumière leurs yeux s'animaient, leurs mots apparaissaient sur la feuille blanche en face de moi. Voilà comment j'ai écrit *La Lampe*. Avec leurs regards, leurs mots. Sélim aussi regardait depuis le mur. Il enfonçait ses mains glacées dans ses poches, traversait la rue Balik puis entrait dans l'une des tavernes du Pied-de-la-Tour. Car j'écrivais : « Sélim a enfoncé ses mains glacées dans ses poches, a traversé la rue Balik puis est entré dans l'une des tavernes du Pied-de-la-Tour. » Quand j'écrivais : « Dès le premier jour de l'état de siège, la chasse à l'homme a commencé », la chasse à l'homme commençait, les coups de feu dans les embuscades parvenaient jusqu'à ma chambre. Dehors il faisait froid. Il pleuvait sans cesse. La ville était ensevelie dans une obscurité intemporelle et avait verrouillé toutes ses portes. Dans la lumière blanche de ma lampe, j'étais seul avec les visages amis. Je tentais d'écrire avec leurs propres mots leur chant inachevé. Parfois je plaçais entre les mots le silence et l'ombre portée de la mort sur les murs de ma chambre. C'est ainsi que j'ai terminé mon récit. En sachant combien ma sensibilité était vaine, à l'opposé de leur courage face à la mort. Au fond, les mots que je prenais pour ceux de mes amis, n'étaient que l'expression de ma propre tristesse, de ma propre subjectivité qui surgissait comme un dessin noir sur du papier blanc. Mais c'était moi qui souffrais et recherchais cette lumière contemporaine. Cette quête, je m'efforçais de la poursuivre au nom de toute une génération. Un lien imaginaire s'était tissé entre Istanbul et ma chambre sous les toits, où je vivais seul à Poitiers. Je sais aujourd'hui que ce lien, en réalité, n'existait pas, que je faisais appel à la magie des mots pour juger le passé et pouvoir comprendre la tragédie d'une génération. Seul le monde imaginaire d'un récit qui ne tenait que grâce aux mots pouvait réunir la rue Balik et Poitiers, pareil à une ville souterraine creusée comme une taupinière, la douleur de mes amis laissés derrière moi et celle de Jésus sur la Croix dans la cathédrale. Afin que cette douleur fût complète, il fallait ajouter au récit la subjectivité de Sélim, sa conscience déchirée. En un sens *La Lampe* était l'histoire de Sélim. La mise en place de l'ordre répressif n'était rien d'autre que la matérialisation dans l'histoire de son monde inquiet. Je le comprends mieux maintenant.

Chaque nuit, quand je m'asseyais à la table et allumais ma lampe pour écrire mon récit, les amis étaient près de moi. Je n'en ai oublié aucun. Mais il faut désormais que je m'habitue à leur absence. A l'absence des morts et des survivants. A l'absence de Sélim aussi. Védate est parti, Nilgune est malade. Il n'y a plus personne près de moi. A mon retour je n'ai pas pu retrouver non plus Istanbul. La ville semblait avoir été évacuée. Pourtant, comme toujours, les rues étaient grouillantes de monde, les cafés et les restaurants retentissaient de bruits. Mais l'ombre d'une ancienne épidémie rôdait sur certains visages. Le soleil d'été les avait brûlés, des cendres jaunes s'étaient répandues dans les rues. Il n'y avait même pas le moindre souffle d'air pour les disperser. Je n'ai pas arrêté de marcher dans les cendres de la chaleur d'août. J'ai rencontré des vieilles connaissances au pied de murs en ruine, dans des pièces chaudes aux rideaux tirés. Ils étaient silencieux. Assis près de l'eau aveugle de la Corne d'Or, ils buvaient du raki en carafe dans la chaleur de midi. C'était comme si l'on versait de la chaux vive à l'intérieur de leurs crânes. Les maisons, les chambres étaient loin, il y avait des taches à la surface de la mer. Qui verra ces taches de sang? me suis-je demandé. Sélim qui pressentait tout, qui vivait la douleur dans son corps, n'est plus là. Dorénavant, qui verra cette mort permanente, ces taches de sang qui bougent dans la fraîcheur trompeuse du bleu? C'est peut-être pour trouver une réponse à cette question que j'ai cherché Sélim. Mais au fond étaient-ce les taches de sang qui me préoccupaient? Je ne le crois pas. Dans la disparition si soudaine de Sélim, il doit y avoir autre chose qui me trouble et que je ne peux accepter. Je n'ai pas encore réussi à résoudre l'énigme. Pourtant les questions s'accumulent. Pourquoi ai-je d'abord recherché Sélim? Parce que c'était un vieil ami qui me rappelait le passé quand j'étais à Poitiers? Avec l'espoir que je retrouverais après les jours d'oppression un être résistant, complet? Ainsi, en répondant à ces questions, j'aurais modifié mon récit et même pu le récrire. J'aurais exposé à travers la personnalité de Sélim, non pas la douleur, mais la résistance de toute une génération. La douleur aurait cédé le pas à l'espoir, la mort se serait anéantie, même si elle était jeune et dérivait comme une mine. Et alors j'aurais écrit, moi aussi, l'aventure d'un homme plein de vitalité et d'espoir.

Les questions ne m'aident pas à escamoter la vérité. Au fond tout est clair comme le jour. Il n'y a pas de prétendue énigme à résoudre. J'invente toutes ces questions pour me cacher la vérité. Pour ne pas savoir avec certitude si Sélim est bien mort ou toujours vivant. En me posant des questions, je multiplie les possibilités. Ainsi tout se confond. Je me réfugie dans l'équivoque et remplis la vie ou la mort de Sélim avec des points d'interrogation. Pourtant la vérité est flagrante. Sélim n'avait pas le choix. Lui-même en était conscient. Mais il résistait encore. D'une autre façon certes. En écrivant, en essayant de retrouver sa totalité dans le corps de Nilgune. Personne n'a le droit de sous-estimer sa résistance. La fin de Sélim, que je m'efforce d'éluder, doit être un signe, un indice; certainement pas une défaite qu'il faut blâmer. S'il a été vaincu, nous l'avons tous été. Mais pour nous, il y avait d'autres possibilités. Sélim, lui, était unique, il lui manquait une épine dorsale qui l'aurait maintenu debout. Il ne pouvait pas se réaliser dans l'action. C'est pourquoi il ne s'est guère mêlé aux événements. Il vivait toute chose en esprit, sur les pages de son journal. Alors pourquoi ai-je d'abord recherché Sélim? Parce qu'il était resté à l'écart, oublié? Ou bien à cause de cette vieille photographie qu'il m'avait envoyée? Qu'avait-elle pour moi de si bouleversant cette photo? Quel peut être le lien entre la disparition de Sélim et la photo qui glissa de sa dernière lettre envoyée à Poitiers? Rien à faire, je ne peux m'empêcher de poser des questions. Je dois au moins les mettre en ordre. Même si je sais que ça ne servira à rien, cette fois-ci il faut que je parte de la photo. Était-ce une photo de famille? De quelle famille s'agissait-il? Pourquoi Sélim avait-il envoyé cette photo-là et non pas une autre? Que voulait-il exprimer par là? Les questions se multiplient. Je dois les classer et y répondre une par une. Mais une photo peut-elle tout expliquer? Je le sais maintenant, mon imagination n'arrêtera pas de forger de nouvelles possibilités et des fins différentes pour Sélim. Un certain détail sur la photographie est pour le moment ce qui m'arrange le mieux. Je dois commencer par là.

« Voici mon père! », avait-il dit. J'étais assis sur le lit, Sélim sur la chaise. Tout était dans un grand désordre. Par terre s'entassaient des photos. Des lettres avaient été éparpillées sur le vieux tapis, journaux et revues remplissaient les espaces restés vides. Des taches de moisissure rongeant le parquet formaient des plaques dans le coin que ne recouvrait pas le tapis. J'étais descendu du lit pour prendre la photo que me montrait Sélim : un homme de haute taille, aux cheveux frisés. Debout sur le bas-côté d'une route, il regarde la steppe. La veste jetée sur l'épaule, un journal à la main. La cigarette à ses lèvres est sur le point de s'éteindre. Il a le nez mince, une écharpe, des lunettes rondes. Le front plat et large. Il est pensif, comme s'il attendait une nouvelle venant de loin. Il regarde le ciel, ses cheveux drus au vent. A l'arrière-plan, un arbre nain, deux ou trois maisons de pisé. Le ciel a l'air de s'envoler, tant il est large; la steppe plate, infinie. Le vent soulève ses cheveux frisés vers l'aire de battage vide, à peine visible sur la photo. Sélim ne parlait jamais de sa famille. Quand on l'interrogeait, il détournait aussitôt la conversation, il se contentait de dire qu'à part son oncle, il ne voyait aucun membre de sa famille, que son père et sa mère étaient morts depuis longtemps. Nous savions que son oncle, un homme d'affaires, lui envoyait de l'argent tous les mois. Ce jour-là, montant dans sa chambre et voyant la porte entrouverte, j'étais entré sans frapper. J'avais trouvé Sélim occupé à mettre de l'ordre dans un album à la reliure verte. Il était comme perdu au milieu des vieilles lettres, des photographies poussiéreuses. Stupéfait de me voir soudain en face de lui, il s'était dépêché de faire disparaître sous le lit les photos en désordre sur le tapis.

« Si tu veux rester seul, je peux m'en aller », lui avais-je dit. Il était par terre. Il portait une chemise à manches longues d'un bleu délavé qui recouvrait son corps mince, ses bras grêles jusqu'aux poignets. Il m'avait dévisagé d'un air coupable, sans dire un mot. Comme je m'apprêtais à fermer la porte et à redescendre l'escalier, il m'avait rappelé : « Viens Oghouz, regardons-les ensemble! » Avait-il voulu alors partager avec moi un passé dont il était seul à supporter le poids? Ou bien avait-il agi de la sorte par peur que je dise aux autres l'avoir trouvé enfoui dans un tas de photos, vestiges des jours anciens? Peut-être en me rappelant, avait-il voulu me rendre témoin d'une époque de sa vie. J'étais venu m'asseoir sur le lit et l'avais regardé pendant qu'il classait les photos étalées par terre. Il avait mis les lettres sur l'armoire, après les avoir glissées hâtivement dans leurs enveloppes. Il s'était assis sur la chaise devant la table, puis contemplant d'un regard neutre, vide, les photos sur le tapis, il avait dit : « Voici mon père, photographié en Anatolie un an avant son arrestation. Dans un village de la steppe où il avait fait halte en allant de Konya à Ankara. » C'était la première fois qu'il parlait de son père. D'une voix lente, brisée. Avec des mots qu'il mâchait lentement dans sa bouche, entrecoupés de longs silences. Comme si, bien longtemps après, il se rappelait une chose oubliée. Parfois il fermait les yeux et s'abîmait dans ses pensées.

« Je n'ai jamais vu mon père aussi vaillant. Il a été incarcéré deux mois avant ma naissance, lors des arrestations de 1951. » J'avais posé sur le tapis la photo que je tenais à la main. Avec sa large carrure et son maintien raide dans son pantalon rayé, l'homme à lunettes, aux cheveux frisés avait disparu au milieu des autres photos. Sélim, en ayant ramassé une autre, me l'avait tendue après l'avoir longuement regardée « Encore lui. C'est celui du milieu. »

Trois hommes dans une cour ensoleillée. Avec des crânes tondus, des mains et des pieds énormes. Ils se tiennent debout l'un contre l'autre. Il fait beau. Mais le soleil est encore pâle. Cloué au beau milieu du ciel que masquent les murs, il frappe en plein la cour dallée et les têtes nues des hommes. Il éclaire leurs orbites, les rides profondes de leurs fronts. Visages défaits, regards ternes comme la couleur du ciel. A en juger par l'humidité des murailles entourant la cour, le soleil annonce la neige.

Je n'avais pas reconnu son père. Cet homme robuste que j'avais vu sur la première photo avait rapetissé, de son corps qui se dressait comme un platane sur la steppe, il n'était resté que deux mains et deux pieds énormes. Il avait l'air de flotter dans son long manteau. Il devait avoir froid. Il avait joint les mains, penché la tête. Son visage était impassible, son front tout ridé. Il n'avait pas de lunettes ni d'écharpe. L'un des deux hommes à côté de lui était un peu voûté, l'autre tenait par le bras le père de Sélim. Il regardait l'objectif comme s'il voulait montrer qu'il l'aidait à se tenir debout.
« Ceux qui sont à côté de lui doivent être ses compagnons de cellule. La photo a été prise en 1955, à la prison de Kaysèri. »

Puis les photos s'étaient succédé. Maintenant je ne me souviens pas de la plupart. Dans l'album à la reliure verte, il y avait surtout des photos de son père. La couleur de certaines avait passé, leurs bords étaient écornés. D'autres étaient si tachées qu'on y distinguait plus rien. Plus particulièrement les photos de son enfance et de son adolescence. Sélim, quittant la chaise, s'était de nouveau allongé sur le tapis, et moi je l'avais rejoint. Il semblait avoir oublié que j'existais. Après de longs silences, brusquement, comme effrayé par son mutisme, il se mettait à débiter d'une voix indifférente tout ce qu'il savait sur son père. J'évitais de lui poser des questions. Parfois, quand il se renfrognait et ravalait ce qu'il voulait dire, un profond silence envahissait la pièce. Maintenant, je ne me souviens pas de la plupart des photos que j'ai regardées ce jour-là sur le tapis, mais en réunissant les explications de Sélim et certaines images encore présentes dans ma mémoire, je peux faire un montage, aussi lacunaire soit-il.

Un regard parfois pensif, parfois amusé, deux verres de lunettes ronds. Cet homme robuste, assis sur une chaise de paille dans le café en plein air, est le père de Sélim. Son veston est fermé, encore un peu et les boutons vont sauter. Son corps est si massif, son poids si tangible. / Un autre lieu, une autre chaise. Il éclate toujours dans ses vêtements. Cette fois il ne porte pas de lunettes. Assis à la table, il lit un livre.

« J'ai vu mon père pour la dernière fois à la prison de Kayséri. C'était en 1956, à l'automne. J'avais cinq ans. C'était un homme que je voyais si peu, qui me prenait dans ses bras dans les cours de prison, un homme imprégné d'odeur de tabac. Un père pour cinq ans, mon père. »

A nouveau deux énormes verres de lunettes, un nez mince, des cheveux frisés. Il parle dans une réunion. / En blouse blanche, dans un long couloir, entouré d'infirmières. / Au café avec ses amis. Sur la table, des livres, des journaux, des cendriers. La fumée de cigarette brouille la vue. Les cendriers sont pleins de mégots.

« Ma mère et moi n'avons pas arrêté de visiter les prisons d'Anatolie. En automne 1956, à la prison de Kayséri, il m'avait pris dans ses bras en disant : " Tu es l'homme de la maison désormais, veille bien sur ta mère! " A croire qu'il redoutait quelque chose. Puis cette atmosphère de tristesse s'était dissipée, j'avais même tambouriné avec mes mains sur son crâne rasé. Nous étions joyeux tous les trois. Ma mère était bien belle avec l'imperméable qu'elle s'était taillé dans de la toile cirée bleue. Elle ne ressemblait guère à la femme d'un communiste condamné à dix ans de réclusion. " Ah si au moins il avait un frère! avait-elle dit à mon père en souriant, on aurait dû mettre les bouchées doubles! " »

Il est assis sur le gazon. A ses côtés, une femme pâle au sourire rond. Cette fois ses cheveux frisés sont coupés court. Comme toujours il a des mains énormes. Il contemple rêveusement au loin un endroit invisible sur la photo. La femme à côté de lui le regarde avec tendresse. En haut à gauche, un lieu et une date : Tchenguelkeuy, 1949. Au-dessous, cette mention : – Voilà deux ans que nous sommes mariés, notre peuple est malheureux, le pays toujours aussi pauvre. Ce n'est pas le monde dont nous avions rêvé. –

« Ma mère était une femme qui attendait. Toute sa vie elle a attendu quelqu'un. Le regard fixé sur le jardin de la maison de Tchenguelkeuy que son père, le pacha, lui avait laissée en héritage, elle a toujours attendu quelqu'un. C'était une femme assise à sa fenêtre, attendant ceux qu'elle avait laissés au loin. »

Il a posé ses lunettes sur la table, il tient une cigarette à la main. Il est dans le jardin en train de lire un journal. A l'arrière-plan, une maison en bois à un étage. Sur le côté, au pied du pêcher, toujours cette femme pâle, la mère de Sélim.

« En rentrant de l'école, je trouvais le visage jeune et rond de ma mère à la fenêtre. Son regard plongeait dans le jardin depuis le salon du premier étage pour se perdre ensuite sur les collines de l'autre rive qu'on apercevait au loin. Comme si elle attendait toujours quelqu'un. Quand le temps était dégagé, on pouvait voir Istanbul. Pendant des années, elle a attendu mon père, son frère jamais revenu de la guerre de Corée, mon retour de l'école le soir, dans mon tablier à col blanc. Sans jamais se plaindre, en réprimant silencieusement sa peine et ses regrets. De même plus tard, quand j'étais au lycée, elle a longtemps attendu la mort, toute seule, dans une chambre d'hôpital. Étant pensionnaire, je ne pouvais lui rendre visite qu'en fin de semaine. Ses lèvres charnues, son visage blanc, tout rond, étaient très beaux. Mais elle avait un peu vieilli. Après avoir traversé le long couloir, lorsque j'entrais dans sa chambre imprégnée d'odeurs de médicaments, je la trouvais adossée à son oreiller, en train de regarder par la fenêtre. Calme, patiente, comme si elle attendait toujours quelqu'un. J'abandonnais mes mains à ses paumes en sueur. Et nous restions ainsi. Ses doigts étaient doux, si doux. Même la mort n'a pas pu les refroidir. Les belles mains patientes de ma mère sont toujours restées chaudes. »

Cette fois il est dans le même jardin, sous le pêcher. Sa tête touche presque les feuilles. Il porte une chemise blanche, son col est ouvert. Le vent fait voler ses cheveux frisés. Les branches sont en fleur. Dans la terre une agitation, une vie imperceptible. Près de lui une femme enceinte, toute menue. Son ventre est gonflé, ses pieds s'enfoncent dans le gazon. Elle sourit. Sur son visage blanc, tout rond, le bonheur d'être mère. Le père de Sélim a ses deux mains posées sur le ventre de la femme. Comme si avec ses grosses mains il voulait sentir les mouvements du bébé, de Sélim qui n'est pas encore venu au monde et se blottit dans une moiteur tiède. Derrière ses lunettes, toujours le même regard vide. La tache noire au-delà du pêcher doit être un puits abandonné. Sur la photo à demi effacée, on dirait une grosse pierre oubliée dans le jardin. « C'est beaucoup plus tard, en lisant les lettres qu'il avait écrites à ma mère, que j'ai compris la vraie personnalité de mon père. C'était un homme jeune, taillé à la serpe, mais aussi un médecin réputé. Lors de la vague d'arrestations dirigée contre le Parti communiste turc, il fut condamné à dix ans de réclusion. Simplement pour avoir été membre du Parti. »

Sélim s'était tu. Nous étions allongés parmi les photos. Nous n'avions même pas remarqué que le soir tombait. On aurait dit qu'une clarté irréelle, lointaine, venue des photos, frappait nos visages. Longuement nous nous étions abandonnés à sa magie, et, sans dire un mot, avions suivi des yeux cette lumière morne qui nous glissait des mains en se déplaçant peu à peu. Au bout d'un moment, Sélim avait dit : « Nous regarderons les lettres un autre jour », suggérant par là qu'il souhaitait mon départ.

« Je vais te poser une question. Mais tu n'es pas obligé d'y répondre. »

« Tu as bien fait de ne pas me poser de questions jusqu'à présent, avait-il chuchoté, maintenant elles vont commencer. Je suis fatigué, j'ai envie d'être seul. »

« Juste une question. Comment ton père est-il mort? »

« On n'en sait trop rien. »

Il était près de moi. La pénombre envahissant la chambre voilait son visage. La blancheur réfractée par les photos avait disparu, le soir s'était glissé dans la pièce. Je distinguais mal son nez mince, ses cheveux frisés qui ressemblaient tant à ceux de son père. Son corps avait fondu. Sa chemise à manches longues ondulait dans les ténèbres comme une bure de condamné. M'abandonnant, il s'était levé et dirigé vers la fenêtre. Était-ce pour regarder en bas une dernière fois le petit parc enserré par des bâtisses de pierre, avant que la nuit ne fût tout à fait tombée? Peut-être. Sélim pensait que ce parc prolongeait jusqu'au Pied-de-la-Tour le jardin des photos. C'est ce que j'avais déduit d'une lettre qu'il m'avait envoyée à Poitiers. Dans cette lettre il expliquait longuement pourquoi les oiseaux avaient abandonné les arbres et comment les gros vers, en dévorant les feuilles, préparaient la ville à une épidémie effroyable. Il se plaignait même de ne plus voir, le matin à son réveil, les feuilles du vieux mûrier qui masquaient sa fenêtre. Or à Tchenguelkeuy il y avait, paraît-il, un peuplier devant sa chambre. Un peuplier bruissant, propice au sommeil. Il se dressait solitaire, loin du pêcher, à l'écart de tous les arbres du jardin, juste au pied de la chambre où dormait Sélim.

Il faisait sombre. Sélim, debout devant la fenêtre, regardait dehors. Pouvait-il voir les pierres humides de la Tour de Galata, les rues sales qui descendaient vers la mer? Ou bien avait-il concentré son attention sur lui-même, sur les ténèbres de sa mémoire, tout en faisant semblant de regarder dehors. Je m'étais approché de lui par-derrière, avais posé ma main sur son épaule. Dehors la nuit tombait. On ne distinguait pas dans la pénombre la Tour de Galata. Il n'y avait personne dans le parc. La nuit n'avait pas enveloppé complètement le vieux mûrier. Tandis que je regardais les feuilles par la fenêtre, j'avais été envahi par une fraîcheur douce, apaisante comme la pelouse que la mère de Sélim écrasait de ses pieds nus lorsqu'elle était enceinte de lui. Peut-être que Sélim éprouvait aussi le même sentiment. Mais il s'était ressaisi, puis après avoir tâté avec ses mains le carreau de la fenêtre, il avait brusquement tiré le rideau et pris place à sa table. Ce rideau était-il un mur qu'il avait dressé entre sa chambre et la ville? Chaque soir, avant de placer devant lui son journal intime et de tenter d'exister sur les feuilles blanches, fallait-il qu'il effaçât entièrement le monde extérieur? J'étais revenu à ma place, et pendant que je replaçais dans l'album les photos éparpillées sur le tapis, il avait attendu un moment dans l'obscurité, la tête posée sur la table. Juste à ce moment-là, j'avais répété ma question :

« On ne sait vraiment pas comment ton père est mort? » Après avoir allumé sa lampe, il avait tiré une feuille vierge d'entre les livres et les ébauches de textes. M'étant approché pour poser l'album sur la table, j'étais resté debout derrière lui. Il savait que je voulais lire ce qu'il écrirait sur la feuille en face de lui, et que je ne partirais qu'une fois ma curiosité satisfaite. Sous un lieu et une date : prison de Kaysèri, le 4 janvier 1956, voilà ce qu'il avait écrit :

Le prisonnier politique Kémal B..., arrêté en 1951 en même temps que d'autres membres du Parti communiste, a été retrouvé mort à l'infirmerie de la prison de Kaysèri où depuis trois ans il purgeait sa peine. Une autopsie a été pratiquée et il en ressort que Kémal B... qu'on avait transféré à l'infirmerie en raison de troubles hépatiques, se serait donné la mort en absorbant des comprimés de somnifère. Nous en informons la famille.

J'avais posé ma main sur les cheveux frisés de Sélim, puis après être resté ainsi un bon moment, je m'étais dirigé vers la porte, le laissant seul au milieu des feuilles éparses, des gribouillages de son journal. Je n'étais pas encore sorti de la chambre qu'il avait lancé de sa place :

« Bien sûr ils ont maquillé la vérité! » Son visage était livide dans la lumière de la lampe. « Mon père était-il homme à se suicider! C'est certain ils l'ont tué, les salauds! Ils ont tué délibérément mon père, voilà tout. »

Quand j'y réfléchis maintenant, j'ai l'impression que jamais la nature ne m'avait paru si prodigue, le ciel à ce point large et illimité que sur cette photo où j'avais vu le père de Sélim pour la première fois. Peut-être parce que je l'ai toujours imaginé par la suite sous un ciel d'hiver froid mais ensoleillé, ou plus exactement sous un lambeau de gris délimité par de hautes murailles ne laissant voir que le soleil, sous un morceau de ciel grand comme la main. Tourner en rond dans sa cellule sans jamais abandonner au vent ses cheveux frisés, mourir sans avoir pu toucher la blancheur de sa femme ni voir le ciel au-dessus de sa tête, est-ce vraiment si grave pour un homme? Sélim, sans aucun doute, a dû se poser la même question. Car, comme moi, il vivait dans l'imaginaire. Pendant la période d'oppression, des questions avaient surgi dans sa tête, il était resté dans sa chambre, hanté par des images et des bribes de souvenirs. Mais pourquoi, à peine de retour, ai-je d'abord recherché Sélim? Parce que j'identifiais ma solitude dans Poitiers à sa vie imaginaire, toute calfeutrée. Peut-être que les sombres rues moyenâgeuses de Poitiers étaient aussi les rues du Pied-de-la-Tour. La pénombre qui au crépuscule descendait sur le clocher de la cathédrale enveloppait aussitôt le cône de la Tour de Galata, et avant de recouvrir les murs de jardin qu'on apercevait de ma chambre, errait dans le petit parc devant la fenêtre de Sélim. Nous avions beau vivre dans deux géographies différentes, la même histoire, la même obscurité intemporelle nous avaient réunis. Dans des villes distinctes, éloignées, nos lampes n'ont pas cessé de brûler, dans le même but, avec la même nostalgie. Nous étions comme les deux faces d'une même pièce. Dès mon retour, ma quête de Sélim n'était en fait rien d'autre qu'une tentative pour me retrouver, pour revoir Oghouz que j'avais laissé au Pied-de-la-Tour. Mais la disparition de Sélim compliquait tout. Elle m'obligeait à me poser un tas de ques-

tions, à évoquer de vieilles photographies. Quel rapport peut-on établir entre les photos du père de Sélim et celle qui avait glissé de sa dernière lettre? Il faut établir ce rapport, même s'il donne lieu à de fausses interprétations.
Sinon les questions vont recommencer à s'accumuler. C'est sûr, il faut que je trouve une fin pour Sélim. Au fond sa brusque disparition m'agace. Soit on est vivant, soit on est mort. Ce n'est pas facile d'admettre la mort de Sélim, mais pour le moment, il n'y a pas d'autre solution.

Il m'avait envoyé à Poitiers une vieille photo prise dans le jardin de Tchenguelkeuy. Sa mère, debout, souriait. Elle était toujours enceinte. Mais cette fois elle posait seule. Il y avait deux grosses mains sur son ventre gonflé. Deux mains d'homme coupées au poignet. Elle se tenait debout sous le pêcher dont les branches étaient mortes. Sur son visage blanc, tout rond, on lisait toujours la même joie : celle d'être mère. Ses pieds étaient encore nus. Mais ils reposaient sur le chiendent qui envahissait le jardin, et non sur le gazon tendre. Un énorme puits se dressait devant son ventre qui lui arrivait presque au nez. Le puits était ouvert. Au dos de la photographie, Sélim avait écrit ces mots :

« Voilà un collage astucieux que j'ai fait pour toi. Tu n'auras certainement pas reconnu les photos que nous avions regardées ensemble il y a bien longtemps, ou plutôt que j'avais été obligé de te montrer. Car lorsque ma mère m'attendait, mon père était près d'elle. Le puits était trop en retrait pour qu'on l'aperçût. Et bien sûr le pêcher était en fleur. A Tchenguelkeuy, tu le sais, le printemps atteint d'abord les arbres, puis la terre commence à se réchauffer. Or les saisons ont changé maintenant. Désormais c'est toujours l'été. Le soleil brûlant reste planté au-dessus de nos têtes. J'ai pensé qu'un tel collage, malgré son caractère artificiel, pourrait suggérer

beaucoup plus de choses que des photos qui prétendent au réalisme. Après avoir fait un découpage, j'ai recomposé le tout. A peine avais-je rapproché des fragments indépendants et superposé des détails photographiés à des époques différentes, qu'une réalité toute neuve est apparue. Dorénavant c'est en elle que vous me chercherez. Si vous n'arrivez pas à me trouver, peut-être qu'un jour je reviendrai. Car même la mort veut vivre. »
Toute sa lettre était de la même veine. Je ne m'en souviens presque plus maintenant. Mais j'ai la photo sous les yeux. Je n'avais pas compris au premier coup d'œil qu'il s'agissait d'un collage fait à partir de quatre photos différentes. Sélim était vraiment très doué pour ce genre de travail. Quel dommage qu'il n'ait pas consacré un peu de ce talent pour vivre!

Cette nuit-là – pourquoi la nuit? peut-être était-ce le jour. La nuit, le jour, qu'importe! –, à ce moment-là, quelle avait été sa première pensée sur le vieux ponton en bois de Tchenguelkeuy, à peine débarqué du bateau venant de Béchiktach? Avait-il reconnu l'église arménienne aux murs jaunes, les *yalis*[1] devant lesquels il passait tous les jours en allant à l'école? Peut-être qu'on les avait détruits, que les murs de l'église étaient peints d'une autre couleur. Il faisait sûrement très chaud. En atteignant le mur du jardin de la maison en bois à un étage après avoir marché dans les ruelles pavées, avait-il regardé la fenêtre où sa mère l'attendait à son retour de l'école? Ou bien sans jamais lever la tête, n'avait-il pas voulu évoquer la solitude discrète de son enfance, l'absence de son père, le visage rond de sa mère à la fenêtre? Savait-il qu'il reviendrait un jour non pas à Tchenguelkeuy mais dans le jardin, ce jardin au gazon tendre où son père

1. *Yali* : palais en bois sur les rives du Bosphore. *(N. d. T.)*

qui ne vit plus que sur des photos, avait l'habitude de se promener, où le pêcher fleurissait d'un seul coup dès l'arrivée du printemps? N'était-il jamais revenu là-bas auparavant? Peut-être qu'un soir, tout seul dans un grand café où il s'était senti complètement écarté du monde, il avait brusquement quitté sa table, était descendu à Béchiktach, avait pris le bateau pour Tchenguelkeuy, et après avoir entrouvert doucement le portail du jardin, s'était assis sous le pêcher et avait attendu pendant des heures sans se montrer aux locataires. A quoi donc avait-il pensé? Longtemps après, avait-il raconté à Nilgune ce premier retour au jardin, tandis qu'ils se cachaient dans une maison pour fuir les balles perdues? Peut-être qu'après la mort de sa mère, une fois la maison louée, il n'était jamais revenu à Tchenguelkeuy et qu'il avait même évité de mettre le pied sur l'autre rive. Alors, quand avait-il décidé pour la première fois de revenir au jardin? Cette idée lui était-elle venue brusquement? Ou bien s'agissait-il de l'expression soudaine d'un vieux désir lentement formé en lui? A peine sorti de la chambre de torture où il avait perdu non seulement Nilgune mais toute sa vie, il était certainement rentré au Pied-de-la-Tour se coucher dans son lit étroit. On peut imaginer qu'ensuite il a allumé sa lampe et écrit dans son journal. Dormait-il lorsque les policiers firent irruption dans sa chambre pour le conduire de nouveau à l'interrogatoire? Ou veillait-il devant son journal? Avaient-ils emporté ses écrits et ses photos en même temps que ses livres? En sortant du poste de police, il avait dû regagner sa chambre ou aller directement à Tchenguelkeuy. Quand il s'était glissé furtivement dans le jardin et avait marché droit vers le puits, savait-il que, même s'il n'apparaissait pas sur la photo, il était un être distinct de cette femme pâle au visage rond qui l'avait jadis porté dans son ventre, cette femme souriant de joie, dont les pieds reposaient sur le gazon tendre, et de cet homme frisé, taillé à la serpe, posant ses mains sur le ventre gonflé de sa mère? Sélim est-il au fond du puits maintenant? En cette journée d'été interminable, se sent-il bien au fond de l'eau fraîche porteuse d'une vie nouvelle, loin du Pied-de-la-Tour, loin de la mort que le soleil d'août traîne inlassablement dans les rues? Je l'imagine comme un énorme fœtus recroquevillé au fond du puits, les genoux repliés sur le ventre, la tête entre les mains. Il attend de renaître, de tomber dans un monde d'espoir et non plus de douleur. Le jardin n'a pas changé. C'est le printemps, les arbres sont en fleur. Un vent tiède souffle de la mer. La terre est grosse. Le frêle peuplier bruit sous la fenêtre d'un enfant dont les langes sont déjà prêts. L'herbe n'a pas tout envahi, le gazon est encore tendre. Mais si l'homme aux cheveux frisés et la femme pâle au visage rond venaient se faire photographier ensemble sous le pêcher, on ne verrait toujours pas Sélim sur la photo.

V

Oghouz est assis tout seul dans le petit parc enserré par de hautes bâtisses aux sombres façades. Il fait chaud, le ciel est sans nuages. Le parc se trouve sur une butte de terre, un peu en deçà de la montée qui mène au Pied-de-la-Tour. Il occupe un espace étroit entre les constructions de pierre. Beaucoup plus qu'à un parc, il fait penser à un terrain vague parsemé de quelques arbres chétifs. Des cailloux de toutes tailles, des éclats de verre, des morceaux de chiffon se sont glissés entre les touffes de gazon sec. De sa place, Oghouz peut voir le cône de la Tour de Galata. Il pense que cet ajout tardif à la Tour n'aura servi qu'à rénover l'histoire, qu'à tenter de ranimer le vieux quartier gênois. Il sait bien que de nombreux quartiers ont changé pendant son absence, qu'on a percé de grandes avenues à la place des maisons détruites, mais que le Pied-de-la-Tour, avec ses rues étroites et ses sombres immeubles, est toujours pareil. Depuis qu'il vient dans ce parc s'asseoir sous le mûrier pour passer les heures les plus chaudes de l'été, deux changements l'ont frappé : le cône métallique couleur de cendre, ajouté au sommet arrondi de la Tour de Galata, et devant lui, les décombres faisant une brèche dans l'alignement des maisons. Il ne peut détacher sa vue de la ruine. C'est une maison en bois qui a brûlé. A travers l'enchevêtrement des poutres, on aperçoit des vides bleus. On dirait que le ciel remplit les pièces. La toiture effondrée a l'air d'une tache noire face au ciel bleu. On a posé des étais obliques pour qu'elle ne s'effondre pas sur la maison de droite dont les pièces aussi sont vides et la porte ouverte. Mais elle, elle n'a pas complètement brûlé; seuls les murs ont noirci. Quant aux décombres de la maison en bois si familière à Oghouz, ils sont l'unique trait qui depuis longtemps ait modifié l'aspect de la rue Balik.

Oghouz regarde devant lui la rue sale, les pièces bleues de la maison incendiée. Elle ondule doucement dans la chaleur de midi. Le soleil brûlant est juste au zénith maintenant. Tout rond, prêt à éclater. Il frappe en plein le visage d'Oghouz à travers les feuilles du vieux mûrier à l'ombre duquel il est assis. Il a l'air un peu défait, son visage. Ses pommettes sont plus saillantes, sa barbe a poussé. La sueur inonde sa chemise. Il est arrivé quelque chose à ces feuilles, pense-t-il, ce ne sont plus les feuilles d'autrefois, impénétrables à la lumière du soleil. Leur ombre ne donne pas de fraîcheur. Les autres arbres, eux aussi, sont tout rabougris. Jadis, dans la chaleur de midi, il faisait frais sous ce mûrier.

Jadis dans la chaleur de midi... Mais cela fait combien d'années, soupire-t-il, cela fait combien d'années qu'assis dans des parcs, des parcs sans ombre cernés par des murs de pierre, j'attends que se lève le vent du soir? Cela fait combien d'années depuis la disparition de Sélim que je regarde le ciel d'été emplir soudain sa chambre incendiée? Oghouz est comme en dehors du temps. Cependant il sait qu'il vient juste de rentrer de Poitiers. Sans cesse sous le soleil d'août, il a cherché Sélim et ses amis, les morts en sursis. Au fond quelques jours seulement ont passé depuis qu'il a appris que Védate était retourné à Antalya et que Nilgune ne pouvait dormir sans morphine! Mais tandis que les rues sales du Pied-de-la-Tour ondulent dans la chaleur d'août, le temps se dilate. Oghouz s'en rend bien compte, rien ne sera plus comme avant. Même si de longues années s'écoulent, même s'il oublie son ami avec sa jambe arrachée qu'il avait vu à la télévision du café de Poitiers sur le char qui le descendait de la montagne, un jour, en caressant les cheveux de son enfant ou lorsqu'il tirera les rideaux avant de s'allonger près de la femme qu'il aime, le souvenir d'un lointain village de montagne près de la mer Noire surgira en lui. En regardant une vieille photographie, il se rappellera Sélim. Peut-être alors interprétera-t-il autrement tout ce qui s'est passé. Par exemple, il changera la fin qu'il a inventée pour Sélim et fera sortir de l'eau fraîche du puits un bébé robuste, débordant de vie. Tout le monde, plein d'espoir, saluera le nouveau-né. L'écran de télévision ne montrera que de belles images.

Mais maintenant, alors qu'il est assis dans le parc enserré par des bâtisses de pierre aux sombres façades, il sent peu à peu sa mémoire se dissiper dans la chaleur. Son imagination ne produit plus rien. Il n'y a plus ni mots, ni points d'interrogation. Les images sont vides, brûlées, comme des photos surexposées prises à contre-jour.

Sélim était une tour de guet, pense Oghouz. Une tour de guet qui aperçoit de loin les flammes et donne l'alerte. C'est pourquoi il n'a pas pu voir son propre incendie. Les albums de famille, les lettres de son père, son journal intime ont brûlé et ne sont plus que cendres.

S'il arrive à supporter ces jours d'été interminables et qu'il ne reste pas comme un fossile au bord de l'eau trouble sous le pont de Galata, à la manière de certaines vieilles connaissances qui boivent du raki en carafe, il a l'intention de récrire *La Lampe.* Il pense même que cette fois il pourra construire l'univers de *La Lampe* où il parlera d'une vie dense, heureuse, non pas en s'enfermant dans une chambre et en écrivant des mots sur du papier blanc, mais dehors, au milieu des herbes et des eaux fraîches. De la façon la plus dépouillée, la plus proche de la réalité concrète. Alors, bien sûr, il faudra changer également le titre du récit. Et puisque les ténèbres se retireront du monde, que la lumière occultée reviendra ici-bas, on n'aura plus besoin de lampe ni de feuilles blanches.

Mais maintenant, à travers les feuilles du mûrier, il voit le brûlant soleil d'août décliner peu à peu vers le Pied-de-la-Tour. La chaleur est insupportable. Mais au loin, par-delà le vide bleu qu'on aperçoit derrière les décombres de la maison incendiée, quelques nuages semblent vouloir se rassembler. Oghouz sourit en pensant que le vent du soir se lèvera quand ils se rapprocheront de la ville, et qu'ainsi il sera le premier à ressentir la joie de laisser derrière soi un jour d'été gisant dans les ruelles comme un corps nu. Védate, de retour à Antalya, a peut-être éprouvé avant lui la même joie. Une nuit, il est sans doute descendu sur le port, et la main plongée dans la rivière souterraine qui bouillonne sous la mosquée, il a dû comprendre avant lui que la fraîcheur qui se répandait dans son corps annonçait la fin d'un long été.

Oghouz voit les nuages se rapprocher et sourit d'espoir. Il sait désormais que l'été s'achèvera. Il aura beau se prolonger, car le soleil d'août ne se retire pas facilement, il s'achèvera bien un jour. Il lui semble que l'eau vive qui entraîne le corps blanc de Nilgune apporte de beaux jours nouveaux. Maintenant les nuages sont juste au-dessus de la mer. Bientôt, quand le vent sera levé, viendra le tournant du jour.

1972-1975

Le pain perdu

LE PAIN PERDU

Le soir s'approcha de la bourgade, tel un chat débonnaire. Descendant du mont Karayuk, la brise pénétra dans la petite ville par les ruelles du quartier des Rapatriés [1], après avoir frôlé les champs de tabac. L'enfant entendit craqueter la cigogne sur les tuiles rouges.

« Cigogne, ma cigogne, tu craquettes, tu craquettes,

Vite, vite, apporte-moi des graines de pastèque! », cria-t-il, et montant d'une traite l'escalier de pierre, il entrouvrit la porte de la maison. La grand-mère contemplait l'obscurcissement progressif du jet d'eau, des roses, des odalisques aux bras nus. Son regard glissa de la tapisserie vers la porte. L'enfant entra tout joyeux, grimpa sur le divan et s'assit en face de sa grand-mère. Il pouvait distinguer dans la pénombre la porte du cellier hanté par les cafards, le tapis vert olive, le napperon poussiéreux sur la radio. Une foule d'objets peuplant l'espace demeuraient informes. Soudain l'enfant comprit que c'était le soir. Le grondement des charrettes qui

1. On donna le nom de « Rapatriés » aux sujets musulmans réfugiés en Anatolie dès le XIXe siècle, à la suite des pertes territoriales qui affectèrent l'Empire Ottoman. Il s'agit dans le texte de la dernière vague qui afflua de la Péninsule balkanique au début des années 50. *(N. d. T.)*

partaient pour les champs de tabac, envahit la pièce par la fenêtre ouverte.

– Viens près de moi! Tu vas voir, je vais te raconter de belles histoires! dit la grand-mère d'une voix rauque en lui ouvrant tendrement les bras. L'enfant alla se blottir contre elle, et la tête posée sur ses genoux, il regarda le ciel à travers les branches immobiles du prunier. On ne voyait pas la Voie lactée mais les premières étoiles et une lune jaune, comme découpée dans du papier peint, brillaient déjà. Le gardien aux grosses moustaches doit fermer le parc maintenant, pensa-t-il. Quelque chose qui ressemblait à la tristesse des parcs aux heures de fermeture le traversa. Dans le quartier des Rapatriés, d'autres enfants, après avoir cabriolé dans la poussière, regardaient eux aussi le ciel. Une caille passa devant la fenêtre. Elle se posa sur le dallage que les mûres tombées avaient rougi. Puis soudain s'envolant, elle disparut dans l'obscurité. L'enfant plissa les lèvres pour siffler, mais la grand-mère l'arrêta d'un geste de son doigt racorni, au moment où il allait attaquer un air qu'il avait peut-être entendu jouer sur le gramophone du café de campagne. Deux notes qui avaient pu s'échapper par la fenêtre ouverte se dissipèrent dans l'air tiède.

– Arrête de siffler! Les démons vont t'envahir la tête! dit la grand-mère. L'enfant l'entendit chuchoter entre ses grosses lèvres violacées : « Eûzibillâhiminechcheytanirradjim bismillâhirrahmanirrahim[1]. » Un instant, sans penser à rien, il s'abandonna à la magie des mots, puis il se mit à ballotter sa tête blonde sur les genoux de sa grand-mère. Celle-ci comprit le signal, une voix joyeuse se mêla au murmure monotone de la fontaine remplissant le bassin.

1. Formule religieuse, en arabe dans le texte. *(N. d. T.)*

Les veaux coquins, les veaux gredins, les veaux vilains,
Aïe! Les veaux coquins sont entrés dans le jardin.

Le poisson rouge du bassin ne doit plus avoir froid, se dit l'enfant, car c'est l'été. Tout à l'heure, je lui ai donné à manger. Après, on a joué à l'épée avec Omer. Puis nous avons fait voguer des bateaux dans le bassin. Mon grand frère les fait très bien voguer. Ensuite on a passé pas mal de temps à fixer des pointes au bout de nos fléchettes. Ma grand-mère, appuyée sur sa canne, a sarclé les jacinthes. Moi, je n'ai pas arrêté de chercher des vers dans la terre mouillée. J'ai entassé les bulbes de jacinthe que j'ai trouvés contre le mur de l'étable. Ma grand-mère les vendra aux gitans pour qu'ils les plantent près de leurs minuscules maisons, pareilles à des poulaillers. Elles deviendront les jacinthes du violoniste gitan au chapeau de paille, de sa petite fille, de l'énorme matrone qui, assise aux coins des rues poussiéreuses de la bourgade, dit la bonne aventure. Le gitan, quand il sourira de toutes ses dents blanches, qu'il ira de rue en rue en jouant du violon, pensera à ses jacinthes.

La grand-mère imaginait que la tête de son petit-fils posée sur ses genoux fatigués, plus tard deviendrait celle, vieillie et chauve, d'un grand savant. Elle passerait ses derniers jours à Istanbul, chez lui, dans son appartement de Chichli [1]. Loin de la petite ville, loin des jacinthes qu'elle vendait aux petites gitanes crasseuses.

– Mon petit garçon sait lire et écrire maintenant.

Les paroles de sa grand-mère brusquement l'enchantèrent.

– Est-ce que votre école ressemblait à la nôtre? demanda-t-il. Aviez vous aussi des tabliers à col blanc?

La grand-mère se rappela la pièce sombre de la médersa [2] de

1. Quartier à la mode d'Istanbul. *(N. d. T.)*
2. École coranique *(N. d. T.)*

quartier, les fascicules du Coran sur les pupitres, le *hodja*[1] avec son long bâton qui menaçait même les rangs les plus reculés.

— Nous, nous apprenions l'alphabet arabe.

Les années défilèrent dans l'obscurité. Elle pensa à ce jour de pluie, quand son père l'avait prise par la main pour l'amener à l'école. Fermant les yeux, elle commença à se balancer doucement avec les garçons au nez rouge, coiffés de calottes vertes.

ELIF de tout son long s'étire[2].
BE part sur son beau navire.
PE lui ressemble.
SE lui ressemble.

L'enfant poussa un cri de joie, puis, de peur d'interrompre la rêverie de sa grand-mère, il se pelotonna contre elle. Lentement, le corps massif de la vieille femme, oscillant comme un lourd balancier, allait et venait dans la pénombre.

DJIM est tout éventré.
HA lui ressemble.
HI lui ressemble.
DAL prend son gros mortier.
ZEL lui ressemble.
SAT a le crâne d'un prévôt.
DAD lui ressemble.
RE sort sournoisement son croc.
ZE lui ressemble.

1. Officiant de mosquée ayant également eu jusqu'à la Révolution kémaliste, un rôle pédagogique. *(N. d. T.)*

2. Comptine que les enfants apprenaient à l'école coranique pour se familiariser avec la forme des lettres de l'alphabet arabe. *(N. d. T.)*

L'enfant battit des paupières. Fluides comme des gouttes de pluie glissant sur une vitre, des cédilles, des virgules, des points d'interrogation, puis des chameaux, des troupeaux de moutons et des formes toutes noires, des A bossus, des O gigantesques, des M défilèrent devant ses yeux.

TI tête de lièvre en alerte.
ZI lui ressemble.
AYIN garde la bouche ouverte.
GAYIN lui ressemble.

Des vers de terre poursuivirent des bâtons crochus, des lièvres débusquèrent des palombes.

LÂM lance sa faucille.
KEF toujours se tortille.
MIM se balance sur sa canne.
NOUN tend sa coupe de sultane.
HE lui ressemble.

La grand-mère soudain se tut. L'enfant fit la moue en voyant s'éloigner lettres et formes. Un vent de provenance incertaine fit voler les rideaux de tulle jusqu'au divan. Passèrent la charrette de Hafiz revenant de la vigne, et les yeux las de la petite Aïché qui songeait aux montagnes violettes dans les bras de sa mère. Elle se rappelait sa joie oubliée au cabanon du vignoble, le désordre de son cartable d'écolière. Elle aurait tant voulu aller dans les montagnes! A l'alpage, elle écouterait les flûtes des pauvres bergers, boirait l'eau glacée des sources. Elle ne voulait plus rester dans la maison paternelle, faire ses devoirs et manger du raisin à tous les repas. Sa mère vieillissait, et elle, elle en avait assez de jouer au papa et à la maman avec des fillettes morveuses.

– Ton père a-t-il jamais été soldat? demanda brusquement

l'enfant. Il pensait aux poèmes sur l'armée turque et aux gravures militaires de son livre de lecture. La grand-mère se rappela Dimethoka et le fusil à long canon de son père, vestige de la guerre de 1878 [1].

– Mon père servait dans l'armée d'Osmane Pacha, répondit-elle, mais il fut blessé. Il était à cheval quand un obus emporta les entrailles de sa monture. Épouvantée, la pauvre bête n'arrêtait pas de hennir. Il décida de se jeter à terre. Quelque chose clapota dans sa botte. Elle était pleine de sang. Il comprit alors qu'il avait été touché au pied. Quand il sortit de l'hôpital, nous nous installâmes à Dimethoka. C'est là que je suis née. Puis la guerre des Balkans éclata et nous allâmes à Istanbul.

La grand-mère revit les trains, les gares grouillantes de monde, les canons, les pauvres soldats harassés et sales, les yeux immenses d'un enfant mort ouverts à la lumière du jour. « Nous ne sommes pas en guerre, merci à Toi mon Dieu! » dit-elle. L'enfant comprit que le tour de son grand-père était venu.

– Mon grand-père a combattu aux Dardanelles, n'est-ce pas? demanda-t-il. Pourtant à l'école, il vantait sans cesse les faits d'armes de son grand-père.

– Eh oui! soupira la grand-mère. Nous ne pouvions plus recevoir de ses nouvelles. Les Anglais le firent prisonnier. Il fut libéré à la fin de la guerre. Il commença à enseigner au Siège du Califat [2]. Pendant la guerre d'Indépendance, il était officier de réserve. Puis sous Ataturk, il devint inspecteur. Nous sommes venus nous installer ici et nous avons fait construire la maison blanche. Mon premier geste a été de planter des jacinthes. A Istanbul, j'avais tant désiré avoir un jardin à moi. Des jacinthes à moi, rouges, roses, mauves.

1. Il s'agit de la guerre russo-turque de 1877-1878. *(N. d. T.)*
2. L'un des multiples noms donnés à Istanbul à l'époque ottomane. *(N. d. T.)*

L'enfant vit dans la pénombre que deux mèches blanches s'étaient échappées du voile de sa grand-mère. Une grande joie, qu'il éprouvait uniquement en sa présence, le submergea. Les étoiles restaient suspendues au ciel assombri. Il comprit que la soirée avait déjà pris fin dans la bourgade. Il pensa à la grande ville, aux mosquées, aux longs minarets si souvent décrits par sa grand-mère.

– J'ai un creux dans l'estomac! lança-t-il ensuite.

La grand-mère se leva :

– Je vais faire du pain perdu pour mon petit garçon, il s'en léchera les doigts!

Les jacinthes bleues qui s'étiolaient dans leur vase reprirent vie quand la lampe s'alluma. L'odeur de pain frit venant de la cuisine redoubla l'appétit de l'enfant. « Ma grand-mère fait du pain perdu », dit-il. Il vit dans la vitre le reflet de ses cheveux blonds, coupés court. Il s'imagina en adulte à barbe blonde, vêtu de noir. Il sauta du divan puis revint à sa place avec une tranche de pain perdu. Il l'enfonça avec ses doigts dans sa petite bouche et se mit à mâcher en fixant de ses yeux bleus les odalisques de sérail. Les mains aux doigts fluets de l'enfant grandirent, elles s'habituèrent au tabac, se tendirent vers des seins flasques dans des rues obscures et sales. Ses cheveux blonds poussèrent et se couvrirent d'algues dans la mer de la grande ville. Sa bouche, habituée au pain perdu, goûta l'alcool, aspira le hachisch à pleins poumons. Une nuit, il était couché dans l'unique pièce de sa maison quand les AYIN, la bouche grande ouverte, les DAL pareils à des mortiers, les têtes de lièvre des TI entrèrent par la fenêtre. Il oublia la pluie sale qui battait contre la vitre. Il pensa à sa grand-mère, à un soir tiède dans une bourgade. Il pensa au pain perdu. Il s'endormit aussitôt. Dans son sommeil, il sourit.

1969

LA COUR

Le père

Dehors, tout change. Soudain dans l'autobus un nouveau contrôleur, au cinéma un nouveau film. Les nuages défilent rapidement derrière la fenêtre. Ils vont vers des montagnes qu'on ne voit pas d'ici, ou vers une île lointaine. Au-delà des montagnes infranchissables qui se dressent menaçantes au-dessus de la ville, il y a peut-être une plage silencieuse. Les cigognes, voyageuses des mers, s'y posent lentement. Elles abandonnent leurs corps à la douceur d'échapper au poids accablant de leurs ailes, et à la tranquillité qui peu à peu les saisit après des jours de traversée. Sur leurs ailes, longues plumes blanches et rayures noires. Ainsi restent-elles couchées sur les sables chauds.

Ici, nous sommes six autour d'une table qui sent le tabac et le thé. Nous ne relevons guère la tête des énormes registres à la reliure en maroquin, placés devant nous. Voilà des années que nous connaissons par cœur nos visages. En me comptant, cela fait six fronts fatigués, six têtes qui blanchissent, six paires d'yeux semblables à des lampes sans éclat, trois paires de lunettes à monture noire. Voilà des années que nous n'avons rien à nous dire. Et dans les autres pièces, il y a d'autres lunettes, d'autres bouches catarrheuses empestant le tabac, d'autres yeux éteints. Eux aussi, assis autour d'une table, n'en finissent pas d'écrire. Le bruit monotone des machines à écrire arrive à travers d'étroits corridors obscurs. Il y a trois ans, quand il a pris sa retraite, on a mis quelqu'un d'autre à la place d'Emine Bey qui était assis en face de moi. Pour tout dire, au début je ne pouvais m'habituer à son visage. Son écriture, ses gestes, et même sa toux me mettaient mal à l'aise. Mais lui aussi est devenu très vite l'un des nôtres. D'abord son regard changea. Une vague couleur jaune envahit son visage. Il se mit à laisser pousser ses ongles, à appuyer ses coudes sur la table à côté de la tache d'encre, tout comme Emine Bey. Un matin, je regardai sa cravate : il ne l'avait pas dénouée pour la nuit, et en allant au travail, l'avait rapidement resserrée. Peu après, il porta des lunettes et maigrit. Il prit l'habitude de boire le thé sans sucre et d'utiliser un fume-cigarette. Maintenant, juste dix minutes avant la sonnerie de midi, il sort de sa poche son petit canif et commence à tailler ses crayons. Sans bruit, en se retenant même de tousser. Pour pouvoir gagner un peu sur son temps de travail, il utilise le côté émoussé du canif, tout comme Emine Bey. Puis du bout de son index jauni par le tabac, il vérifie la pointe du crayon. Vers le soir, un sommeil blafard et usé erre sur son visage. Ses paupières s'alourdissent, il lui semble que ses cils le brûlent, que son sang se retire de ses veines. Bientôt, avec de l'argent économisé sur son traitement, il achètera sans doute une montre de gousset au marché aux puces. Comme Emine Bey, toutes les heures il la sortira de sa poche, la regardera longuement puis la remontera avant de la remettre à sa place. Qu'il prenne de l'âge, et dans quelques années il ressemblera tout à fait à Emine Bey. La vie se retirera de son front fatigué, de ses mains molles aux veines bleues, de ses paupières alourdies, doucement, ne laissant derrière elle aucune trace. Parfois, je sens le plancher glisser sous mes pieds. Les planches moisies se séparent les unes des autres, comme des poils de chat qui se répandent dans l'air au moindre souffle. Nous restons tous suspendus dans le vide : la table, les chaises, le poêle en fonte dont on ne se sert plus. Sans nous regarder, nous continuons à travailler comme si de rien n'était. Parfois, la pièce peu à peu s'étrécit. Les murs épais couverts de suie se rapprochent lentement. Je pense que nous allons être écrasés comme des cafards, sans avoir eu le temps d'ôter nos blouses noires. Je ferme les yeux et attends un peu. Quand je regarde à nouveau les murs, je vois qu'ils n'ont pas bougé. Tout est à sa place. Pas même le plus petit changement. Pourtant dehors, le monde s'élargit sans arrêt. A la tombée du jour, les chèvres avec leurs clochettes descendent des montagnes. Dans une plaine immense, la petite fille blonde garde les oies. Dès la nuit tombée, les étoiles emplissent le vide. Un long chemin descend en plein soleil vers la mer. Une rivière serpente dans la plaine. Au moment même où les oiseaux franchissent les montagnes, le ciel se déploie. Il me semble que les oiseaux font la course avec les nuages qui passent derrière la fenêtre, comme les dauphins avec les navires. Mais la plupart du temps, les nuages ne peuvent franchir les montagnes. Ils se heurtent aux flancs abrupts et vont se lover au-dessus de la ville. Le temps s'assombrit, l'ombre des nuages se répand dans les rues. Alors une averse se met à tomber à grosses gouttes. Défiant toits et auvents, elle cloue sa colère au cœur de la ville. Je me dis qu'elle va emporter les gens, les maisons, les arbres. Puis je regarde, et tout est à sa place. Le nombre des arbres, des arrêts de cars, n'a pas diminué. Les façades des maisons, les rues sont lavées, rien de plus. La préfecture, le mendiant contre le mur de la mosquée sont encore là, comme les vieux canards des faubourgs. Mais dehors à nouveau, tout change très vite. Alors qu'ici, nos visages, nos regards et même nos toux se ressemblent chaque jour un peu plus, tout à coup voilà que la maison en bois près du pont est détruite. Et le bazar réduit en cendres en une nuit. Les enfants font voler leurs cerfs-volants sur le lieu de l'incendie qui s'étend au milieu de la ville comme un rapiéçage décoloré. Les étourneaux ont abandonné leurs vieux arbres. On dépose des ordures au pied des murs calcinés par l'incendie. Personne ne va plus au bazar. Ce sont les marchands à la sauvette et les soldats en permission qui s'en réjouissent le plus. Car dans la presse des marchés, une profonde solitude éloigne les hommes les uns des autres. Les fonctionnaires retraités, les chômeurs le savent bien. Pour le chantier du nouveau marché, des charrettes amènent de la rivière le sable nécessaire au gâchage du mortier. Ensuite tout recommence. Les merciers, les droguistes, les selliers s'installent dans leurs nouvelles boutiques en respectant l'ordre ancien.

Hier, en marchant dans la rue, j'ai regardé les maisons : on avait grand ouvert les portes, les rideaux n'étaient pas fermés; la lumière se ruait à l'intérieur en illuminant les recoins des débarras, les caves pleines d'objets rouillés, les murs des garde-manger envahis de pénombre. Non! Ce n'était pas hier, mais la semaine dernière! La semaine dernière? Impossible! Cela fait des années que je ne traîne plus dans les rues. Tous les jours, de la maison au travail, du travail à la maison. Comme le balancier de notre horloge. De la maison au travail, du travail à la maison. Comme le bras de la pompe dans la cour. Une fois en bas, une fois en haut. La côte d'Aïgueurène, une fois en bas, une fois en haut. C'est toujours le même trajet, deux fois par jour, douze fois par semaine, quarante-huit fois par mois, cent quarante-quatre fois par trimestre. De la maison au travail, du travail à la maison. Une fois en haut, une fois en bas. De ma place, je regarde de temps à autre l'avenue. Vers le soir, la foule se fait plus dense : vieilles femmes, lycéennes, paysans revenant des champs de tabac. Je les inscris tous sur les pages du registre placé devant moi : ouvriers, prostituées, célibataires, pères de famille, veufs. Dès qu'un registre est terminé, le chef de service en prend un autre dans l'armoire, le place devant moi et je me remets à écrire. Nom de famille : Arabadjioghlou. Prénom : Mehmet. Prénom du père : Hussein. Prénom de la mère : Aïché. Lieu de naissance : Eudémiche. Date de naissance : mil neuf cent quarante et un. Religion : Islam. Profession : tourneur. Situation de famille : marié. Taille : un mètre soixante-treize. Couleur des yeux : bleu. Infirmités ou signes particuliers : néant. A peine en ai-je terminé avec l'un, que je passe au suivant. Nom de famille : Kilitch. Prénom : Sadiyé. Prénom du père : Rahmi.. J'inscris un par un tous les habitants de la ville dans les cases de formulaires géants aux bords jaunis. Rustem – Professeur – Châtain – Vural – Boiteux – Mil neuf cent trente-trois – Mil neuf cent quarante-cinq – Négociant – Bleu azur – Avocat – Vert – Seyit – Un mètre cinquante-cinq – Un mètre soixante-treize – Islam – Châtain – Islam – Aktchabourgaz – Marié – Célibataire – Aïché – Courtier en fruits et légumes – Seunmez. J'écris méticuleusement du matin jusqu'au soir. C'est mon travail : je transforme en deux ou trois nombres anonymes des êtres vivants, ceux qui rentrent ivres le soir à la maison, ceux qui fabriquent les verres dans lesquels nous buvons de l'eau, les autobus que nous prenons, ceux qui tuent et vont en prison, ceux qui disent la bonne aventure, ceux qui souffrent, puis je les place dans les cases qui leur sont destinées sur l'immense page. Dès qu'un registre est plein, le chef de service en sort un autre de l'armoire, et le posant devant moi, dit d'une voix éraillée : « Qu'il vous soit propice, Fevzi Bey! » Parfois je regarde Mevhibé Hanim, ma voisine de table : de ses yeux sans cils, tout petits derrière les verres épais de ses lunettes, elle s'efforce de déchiffrer ce qui est écrit au-dessus des cases laissées en blanc par moi. En fait, depuis longtemps, elle sait tout par cœur. Mais elle redoute de se tromper. Par exemple, si elle inscrit le chef-lieu de canton dans la case réservée au département, ou bien le numéro de dossier à la place du numéro de bâtiment, elle a l'impression d'avoir commis une faute grave. La page une fois terminée, elle la relit en comparant avec l'original : Département – Sous-préfecture – Chef-lieu de canton – Quartier ou village – Numéro de bâtiment – Numéros de registre, de page – de transfert – Numéro de dossier – Date – Emplacement du cachet. Elle prendra sa retraite l'an prochain et ira faire une cure thermale avec son mari arthritique. Dans le service, nous sommes six fonctionnaires à faire le même travail. Dans les autres bureaux il y a d'autres fonctionnaires qui, eux aussi, font la même chose. Nous tentons de faire rentrer de force tous les habitants de la ville dans les énormes registres qui peu à peu s'accumulent en bas. Au sous-sol, les couloirs des archives sont pleins jusqu'au plafond de registres noirs reliés en maroquin. En bas s'élève une ville faite de dossiers. Nous installons les gens sur une page blanche, dans des cases séparées par des lignes droites, avec les noms de famille, de jeune fille, de rue, les noms du père, du fils, du lieu de naissance, du lieu de résidence : ville, sous-préfecture, chef-lieu de canton, village ou quartier. Parfois, rêveur, je regarde la foule qui passe dans l'avenue : dans quelle case doit-on inscrire la tristesse qui se lit sur le visage de cette vieille femme, ou bien ce que désire le plus dans la vie l'homme chauve aux oreilles rouges qui vend des marrons devant le cinéma, ou encore les rêves des tantes replètes et des sœurs aînées amoureuses? En fait il ne reste pas beaucoup de temps pour y réfléchir. On remplit un registre, et tout de suite, il faut passer au suivant. Les décès suivent les naissances. Les nouveau-nés se mettent à glisser doucement dans des cercueils étroits, préparés à l'avance pour eux. Ils prennent place sur la feuille blanche. En bas, les morts emplissent les couloirs poussiéreux des archives. Ici, autour de la table à l'odeur de tabac et de thé, rien ne change. Mais je sais très bien que dehors, de l'autre côté des montagnes qui dominent la ville, il y a une grande plage. Les nuages défilent très vite derrière la fenêtre. Ils vont vers ces lointains où il y a des îles que je n'ai jamais vues, que personne n'a pu atteindre.

La mère

J'aime le silence de cette chambre, imprégnée de naphtaline. Dehors il n'y a personne à part quelques ouvriers matinaux et les cochers de fiacre qui attendent devant la gare l'omnibus du matin. Le jour envahit peu à peu les rues. La ville se met en branle dès que les toits d'Aïgueurène, les façades des maisons et les arbres se dévoilent à la lumière. J'écoute un moment les oiseaux avant de m'installer devant mon métier à broder. Leur chant provient des acacias de l'avenue que je ne peux voir d'ici. Mais les oiseaux n'aiment pas beaucoup les acacias. Ce doivent être des châtaigniers ou des platanes... Platanes frais et gigantesques... Jadis, il y avait un vieux platane devant le café près des Trois-Fontaines, on l'a coupé pour élargir la route. A quoi ça sert d'élargir la route! Dans cette ville les routes ne mènent nulle part! Une rue débouche sur une autre rue et les routes s'en vont toutes buter sur les flancs des montagnes. Je me dis que seules les eaux pourraient franchir les montagnes qui cernent la ville. Derrière elles, il y a la mer, mais son odeur ne vient même pas jusqu'ici. Les eaux, paraît-il, en s'écoulant sous terre, peuvent atteindre la mer. J'ai lu ça quelque part, il y a très longtemps : les rivières souterraines, après avoir traversé des galeries obscures sous les montagnes, ressortent à la lumière pour se jeter dans la mer. Les eaux de pluie, absorbées par le sol, s'accumulent donc sous terre; une rivière se forme et coule sous les montagnes pour ensuite se déverser au loin dans la mer en une résurgence blanche d'écume. Les enfants, les gardes champêtres se trempent les pieds dans l'eau réchauffée par le soleil au sortir des profondeurs.

La grand-mère, assise sur le divan du salon, regarde la cour. De temps en temps, elle parle toute seule en laissant échapper des bruits bizarres prouvant qu'elle est bel et bien retombée en enfance. Pour tout dire, je ne veux pas rester à ses côtés. Elle peut se servir du pot de chambre qui est près d'elle, sans avoir besoin d'aide. Je la change deux fois par semaine; ses chairs flasques se recroquevillent alors entre mes mains. Nous n'avons plus rien à nous dire désormais. Avant, nous nous parlions, nous nous confiions mutuellement nos peines, mais depuis qu'elle a perdu l'usage de ses jambes, elle est devenue une vieille femme hargneuse et insupportable. Elle a la hantise des pigeons. Elle veut qu'on détruise leurs nids, qu'on les tue tous. Comme s'il y avait, entre la cour et elle, un lien secret. Elle croit qu'avec le départ des pigeons, la cour s'agrandirait, puis s'étalerait dans Aïgueurène. Mon mari m'en veut du peu de cas que je fais de sa mère. Il ne comprend pas du tout que je puisse rester toute la journée dans cette chambre, assise sur une chaise, à broder. Comment saurait-il que je regarde la gare par la seule fenêtre donnant sur la ville, que je m'amuse à suivre des yeux les voyageurs qui descendent des trains, et que moi seule peux voir errer sur leurs visages les reflets insolites d'autres villes, les navires blancs des ports, les vastes places, les vitrines illuminées. Quand un train s'arrête en gare, il faut que des gens montent et descendent. Les salles d'attente désertes, les gares où les locomotives ne s'arrêtent que pour prendre de l'eau et souffler un peu, laissent en moi un vide profond. Des années durant, j'ai vécu ce sentiment de vide et d'abandon. Par une petite fenêtre garnie de pots de fleurs, je n'arrêtais pas de regarder passer les trains. Je voyais les omnibus et les convois de marchandises déboucher de la pinède, au loin, dans un grondement confus, ralentir, s'arrêter sous la fenêtre, puis se perdre sur le versant de la colline chauve. Mon père était chef de gare à Soghoudjak. Soghoudjak, petite gare de montagne où les express, comme les michelines, passaient sans s'arrêter. Le village, lui, s'était niché dans un repli de montagne, à cinq kilomètres en retrait de la voie ferrée. Nous vivions dans deux pièces au-dessus du bureau du télégraphe. Ma mère, mon père et moi. Nous n'utilisions presque pas la plus petite et vivions été comme hiver dans l'autre pièce. Il y avait une grande fenêtre donnant sur la voie ferrée. Sur le rebord, ma mère avait disposé des pots de fleurs. Elle les arrosait tous les soirs à l'aide d'une écuelle en cuivre. Elle ne s'intéressait guère au jardin de l'arrière-cour qui restait six mois de l'année enfoui sous la neige. Quand le chèvrefeuille, les belles-de-nuit et les roses trémières grandirent dans leurs pots, notre petit jardin se rapprocha du ciel. En peu de temps, les volubilis, la vigne vierge entourèrent la fenêtre et grimpèrent jusqu'au toit. Alors, l'odeur de suie qui hantait les murs s'atténua quelque peu et, aux heures où nous allumions la lampe à pétrole, nous avions l'impression d'avoir moins froid. Mais pourtant cette odeur de suie accompagne toujours le froid des salles d'attente. L'express passait une fois par semaine à sept heures trente précises. Le vendredi, à sept heures trente du matin. Je le reconnaissais au bruit que faisaient les roues de fer en glissant sur les rails : une rumeur rauque qui allait s'intensifiant. Les autres trains faisaient des bruits différents. Le convoi de marchandises s'approchait en grinçant alors que l'omnibus arrivait dans un chuintement vague et hautain, assez indiscernable quand on l'entendait pour la première fois. Je me levais de mon siège et me dirigeais vers l'almanach accroché au mur. En soulevant les feuilles, je dévoilais un VENDREDI tout noir, écrit en majuscules. Dans l'espace libre au-dessous du vendredi, il y avait un quatrain :

Mince est l'espoir d'atteindre l'escale, disent les voyageurs,
Nous le savons, chaque vague est un tombeau,
Aucun de nous peut-être ne foulera le sol à nouveau,
Mais mourir en route, n'est-ce pas un grand bonheur?

On avait beau arracher les feuilles du calendrier, les vers étaient toujours là. Les années passèrent mais je n'ai pas oublié.

Tous les vendredis le même poème, et au-dessous, la même recette de cuisine. Je me disais que VENDREDI serait toujours là jusqu'au moment où, la semaine suivante, j'entendrais le même bruit rauque. Bizarrement, les autres trains n'éveillaient pas en moi l'envie d'arracher les feuilles. Le vendredi devenait ainsi les sept jours de la semaine. Le temps allait et venait de VENDREDI en VENDREDI comme la navette de l'express qui passait à Soghoudjak une fois par semaine, tantôt dans un sens, tantôt dans l'autre. L'aspect des wagons de l'express aussi bien que leur nombre participaient à cette même durée stagnante que nous vivions entre deux VENDREDI écrits en lettres noires. Tout juste sept wagons noirs, de longueur identique. Après avoir détaché du calendrier toutes les feuilles de la semaine, je me postais à la fenêtre pour voir approcher les longs wagons tirés par la locomotive. Emmitouflé dans une capote de cheminot, mon père attendait au bout du quai, un fanal vert à la main. Je savais qu'on changeait l'aiguillage, quand de nouveaux bruits s'ajoutaient au vacarme des roues. Comme l'express ne ralentissait pas, la clameur se faisait un instant plus vive, puis le grondement sourd reprenait. L'omnibus et le convoi de marchandises faisaient le même bruit au changement d'aiguillage. Mais le premier s'arrêtait à Soghoudjak à dix-sept heures, le second à vingt et une heures. Quand l'express approchait, le feu vert du poste d'aiguillage se mêlait au brouillard et de loin il devenait presque invisible. Les longs wagons noirs apparaissaient soudain, puis passaient sous mes yeux en mugissant dans le froid sec du petit matin. Mais la nuit, quand dix déclics répétés à intervalles réguliers s'ajoutaient aux grincements du train de marchandises, perçant l'obscurité, le feu rouge du poste d'aiguillage et le fanal que mon père tenait d'une main glacée éclairaient la fenêtre. Peu après, on voyait cinq wagons de marchandises talonner, tous feux éteints, une vieille locomotive. Le bras immobile de mon père restait longuement suspendu à la nuit. Je voyais la locomotive essoufflée frémir dans la neige comme un animal transi. Après cinq minutes d'arrêt, elle s'ébranlait, et sans même laisser à sa sueur le temps de refroidir, s'éloignait lentement. Quant à l'omnibus, il arrivait à la gare avec le soir. La lumière réfractée par les fenêtres des compartiments éclairait le quai enneigé et les murs sales du bureau du télégraphe. Parfois un enfant appuyait son front sur la vitre embuée. Sous l'éclairage jaune, des paysans épuisés, des soldats de retour de permission s'affairaient à ouvrir des paquets de victuailles. Pendant tout ce temps, personne, pas même un seul voyageur, ne descendit jamais de l'omnibus. Mais moi, pleine d'espoir, je regardais passer les trains à Soghoudjak, en rêvant qu'un jour ils m'emporteraient moi aussi. Bien des années plus tard, l'omnibus dont je connaissais par cœur tous les wagons, m'emmena dans cette ville avec mon trousseau. A la gare, à peine descendue du train, les montagnes me parurent familières. Aïgueurène aussi. Quelque temps après, je pliai ma robe de mariée à l'odeur de lavande, mes habits brodés d'or, je les rangeai avec mes rêves de jeune fille dans une vieille armoire au fond du débarras. Et ils attendent toujours là.

Le matin, doucement, je me lève sans réveiller mon mari, je passe dans l'autre chambre, je m'installe sur une chaise près de la fenêtre, mon tambour à broder à la main. Je reprends sans hâte mon travail là où je l'avais laissé. Dehors il n'y a personne. Les cochers somnolent dans leurs fiacres tant qu'ils n'ont pas entendu siffler l'omnibus du matin. En fait, la plupart des voyageurs qui en descendent vont à pied. De ma chaise je les regarde monter la côte d'Aïgueurène. Sur leurs visages, les visions surprenantes de villes lointaines et la fatigue qui alourdit leurs paupières après une nuit blanche. Sur leurs visages, la nostalgie tenace de voyages que je ne ferai jamais, de ports que je ne verrai pas, et l'espoir de commencer un cahier blanc aux feuilles vierges. Moi, je brode les feuilles de vigne, les volubilis de Soghoudjak, desséchés peut-être depuis longtemps, et que le vent a emportés. Elles deviennent si vivantes, ces fleurs, que, s'échappant de la broderie, elles escaladent les murs de la pièce. De là, elles gagnent la fenêtre. Alors en un instant elles investissent la ville entière et s'insinuent dans les débarras à l'odeur de naphtaline, dans les recoins sombres des cours. Fleurs folles de notre petit jardin, qui triomphaient de l'odeur de suie! Je me plais à voir qu'elles, au moins, changent leur destinée.

L'enfant

Je fus le premier à voir la folle. Rachid, talons joints, pieds écartés, avait tourné le dos à la pente. Après avoir porté ma bille d'agate à mes lèvres, je visai la cible [1] : une rangée de billes devant deux pieds nus. De loin, on ne distinguait pas leurs couleurs. Rachid rapprocha un peu ses pieds pour que je puisse mieux tirer au but. Comment peut-il prétendre intercepter des billes sans chaussures, je n'arriverai jamais à le comprendre. Mais qu'un autre soit mon partenaire et ça rate toujours! S'il a le malheur de faire glisser un peu ses talons, c'est fini! Bah! Rachid et moi nous sommes associés, nous nous partageons équitablement ce que nous gagnons. Et si ma bille d'agate allait ricocher entre ses pieds nus et dévaler la pente! Si je n'arrivais pas à la rattraper avant l'avenue, je serais fichu car je n'ai pas le droit de traverser. Des charrettes, des bicyclettes, d'énormes camions passent dans l'avenue. Mon père dit comme ça qu'ils écrasent les

1. Dans cette manière de jouer aux billes, on ne fait pas rouler la bille dans la direction de la cible, mais on « tire » sur elle. *(N. d. T.)*

enfants. La ville commence au-delà. Un tas de rues qui montent et descendent, s'étend entre des vitrines éclairées et de hauts murs. Ma bille d'agate disparaîtrait dans la foule et serait engloutie par les fenêtres! Il n'y a pas dans tout Aïgueurène une bille qui vaille ma bille d'agate! Tout le monde me demande où je l'ai trouvée! Ah non! Je ne vais quand même pas dire que je l'ai trouvée en fouillant dans le sac à ouvrage de ma grand-mère! Ensuite ils iraient tous fouiller dans les sacs de leurs grand-mères! J'ai bien regardé ma bille d'agate avant de tirer : dedans, des fleuves aux vives couleurs roulaient leurs flots... Fleuves larges et lumineux... Il y avait aussi des mouchetures rouges, bleues, vertes. Elles ressemblent à des étoiles, mais le ciel à l'intérieur de ma bille est encore plus beau : il change sans arrêt de couleur. Il s'éclaire soudain et passe du jaune au blanc. L'autre jour, nous jouions au Capitaine [1] avant que la pluie ne se mette à tomber. Ma bille d'agate roula dans le caniveau et fut toute crottée. Je suis allé aussitôt la laver à la pompe de la cour, mais les traces de boue sont restées! J'ai pleuré un peu, puis j'ai oublié. Maintenant ma bille d'agate a une tache foncée en plein milieu de son ciel! D'après mon père, elle s'atténuera avec le temps. « Vas-y, tire! » me cria Rachid. Il ne peut s'empêcher de parler quand c'est mon tour! Combien de fois lui ai-je dit : « Ne parle pas quand c'est mon tour, je ne peux plus tirer! » Il s'en moque bien! Si quelqu'un me parle juste au moment où je vise, la chance m'abandonne et je rate mon coup. Pour l'embêter, j'allais faire rouler ma bille au lieu de tirer quand je vis la folle : elle tourna à toute vitesse au coin de la rue, passa devant l'horloge et se mit à courir vers notre maison. « Tiens la pauvre, pensai-je, elle joue à chat toute seule! » Je vis que les pigeons ne volaient

1. Autre forme du jeu de billes. *(N. d. T.)*

pas à ses trousses. Ma grand-mère raconte toujours que les pigeons se posent sur les cheveux de la folle. A cause d'elle, ils resteraient à Aïgueurène, feraient leurs nids dans les murs de notre cour et saliraient les auvents. Sinon aucun oiseau ne s'approcherait jamais de notre quartier car la caserne est toute proche. Je fis rouler ma bille d'agate vers la cible. Rachid lança un cri de joie, ramassa par terre les billes et commença à s'en remplir les poches. Une grande quiétude m'envahit. Seuls les Rapatriés peuvent marquer un but d'aussi loin. Moustafa et Omer quittèrent leurs places et marchèrent droit sur moi. « Si ta bille d'agate était à moi, je vous aurais tous battus depuis longtemps! » dit Omer. Moustafa se renfrogna. De ses yeux chassieux il me lança un regard noir de colère : « Je sais où tu as trouvé ta bille d'agate, dit-il, tu peux arrêter tes cachotteries maintenant! » Soudain un morceau de glace m'effleura le cœur : « Eh bien vas-y, dis-le! Où est-ce que je l'ai trouvée? » demandai-je en tremblant. « Tu l'as prise aux bâtards des Rapatriés, tout le monde le sait dans le quartier! » La glace fondit en moi puis s'écoula doucement dans une obscurité moelleuse. « Mais je n'ai jamais vu de Rapatriés! Je n'ai pas le droit de jouer ailleurs que dans cette rue! » « De toute façon tu as du sang albanais, que tu le veuilles ou non! Les Rapatriés ont comme toi les yeux bleus, espèce de mille-pattes blondinet! » Rachid vint vers nous et me donna la moitié des billes que nous avions gagnées. Je vis qu'au milieu d'elles, ma bille d'agate resplendissait dans toute sa rondeur. Comme la lune qui certains soirs s'approche de la fenêtre. Je les fourrai aussitôt dans ma poche. Moustafa, voyant que je ne soufflais mot, fut tout dépité. Il se mit à me taquiner :

« Vlan et vlan! Une bonne volée de figues pas mûres
plein les oreilles du bufflon aux yeux d'azur! »

« Fiche la paix au gosse! » dit Rachid. Il veille toujours sur moi. On ne lui cherche pas noise facilement car ses biceps sous sa chemise déchirée, sa nuque épaisse qui été comme hiver ne voit jamais la tondeuse, impressionnent. Il se promène dans la ville quand bon lui semble, fume même des cigarettes. Moustafa eut peur et resta finalement devant moi sans broncher. Au même moment nous entendîmes les cris de la folle. Rachid, Omer, Moustafa, en regardant dans la direction du bruit, la virent aussi : elle s'acharnait à effrayer un chat perché sur le mur de notre cour. « Elle ne veut pas qu'il mange les pigeons, dit Rachid, comme si elle n'était pas la folle d'Aïgueurène mais celle des pigeons! » Ma grand-mère verrait rouge si elle l'apprenait. Je ne comprends pas pourquoi elle est devenue l'ennemie des pigeons! La vue d'un chat en embuscade sur le mur de la cour l'enchante. Un large sourire se répand sur son visage; les rides sombres de son front s'éclaircissent; ses yeux brillent. Encore heureux qu'elle ne sache pas que la folle poursuit les chats! De sa place, elle peut voir le chat maintenant : à nouveau, une joie lumineuse a dû s'installer dans son regard. Les sourcils immobiles, elle scrute sans doute le nid caché dans un renfoncement du mur pour voir les pigeons être à tour de rôle la proie du chat. « Ah! doit-elle se dire, si cette pigeonne bien dodue pouvait sortir la tête, le chat n'en ferait qu'une bouchée! » Combien de fois mon père ne lui a-t-il pas dit : « Mère, mais ces petites bêtes ne nous font aucun mal! Laisse-les! Qu'elles vivent leur vie comme bon leur semble! Je ne vais pas détruire leurs nids, c'est un péché! » Et il me glisse alors : « Gare à toi! N'écoute pas ta grand-mère et laisse les pigeons tranquilles! » En effet quel mal font-elles ces pauvres bêtes? Leur procession sur les murs de la cour, en rang, comme des soldats, me ravit. Puis tout à coup, ils s'envolent à tire-d'aile vers le dôme de la Tour de l'Horloge. Je me soucie bien qu'ils salissent la cour! Mon père n'y attache pas plus d'importance. Il n'y a que ma grand-mère pour ne pas quitter la fenêtre et surveiller la cour toute la journée. Le soir, mon père n'est pas sitôt rentré qu'elle recommence : « Aujourd'hui encore, ils n'ont pas arrêté de voler en faisant des saletés dans la cour! Je ne peux plus les supporter, tu as compris! Si je pouvais encore marcher, j'attraperais une perche et je ferais un sort aux nids de ces coquins! » Le chat sauta du mur dans la rue et se mit à courir vers nous avec la folle à ses trousses. Très vite, deux yeux immenses se rapprochèrent. Comme deux nuits noires sans étoiles. Je la vis rire de toutes ses dents. J'eus soudain très peur. Je me cachai derrière Rachid. « N'aie pas peur, me dit-il, elle ne te fera rien. » Il alla près d'elle, lui mit la main sur l'épaule en disant : « Tu as vu comme ce cochon de chat s'est sauvé! » Omer et Moustafa s'approchèrent. Alors la folle recula de deux pas et me regarda sans mot dire. Elle portait un manteau rapiécé traînant par terre, et aux pieds, des sandales de caoutchouc pareilles à des bateaux. On voyait ses jambes poilues dépasser de sa jupe. Soudain elle commença à faire des bruits incompréhensibles. Elle prit ses seins entre ses mains sales, secoua la tête de chaque côté, puis me tendant les bras, imita le sifflet du train. Je sentis la puanteur de ses cheveux. Je vis que ses yeux étaient toujours envahis de ténèbres. J'eus à nouveau peur. « Teuf teuf teuf », fit-elle, et agitant les jambes, elle se transforma en locomotive. Rachid, Omer et Moustafa faisaient les wagons. « Elle t'aime bien maintenant, tu n'as plus rien à craindre », dit Rachid. Ils jouèrent au train un moment. Une ou deux fois je me joignis à eux. Puis on en eut tous assez. Nous prîmes la fuite en hurlant :

« La folle la folle a un beau toupet
et aux oreilles des colifichets. »

Elle ne courut pas derrière nous; elle poussa seulement un cri lugubre. Au même moment, je vis le ciel s'assombrir : « Il va pleuvoir, dis-je, si on patauge dans la boue on ne pourra pas jouer aux billes! » Une bille d'agate couverte de boue se profila confusément dans mon imagination. « L'idiot a encore peur de salir sa bille d'agate », dit Moustafa. Son visage était écarlate. C'est évident, il est jaloux. « Laisse tomber, dit Rachid, s'il pleut on fera une partie de jacquet chez Omer. » Nous nous dispersâmes au bout de la rue. J'enfouis mes mains glacées dans les poches de mon pantalon et rentrai chez moi.

*

Il va pleuvoir! Nous serons tous trempés en ce jour d'été. Le plafond fuira. L'eau s'accumulera entre les planches qui sentent le moisi, puis tombera dans le salon.
La grand-mère parut soulagée. Ses lèvres violacées, toutes desséchées, remuèrent doucement. Un sourire hargneux envahit son visage. Du revers de la main, elle essuya les gouttes de sueur qui perlaient sur son front. *Les pluies des Quarante Après-Midi* [1] *sont passées, mais il va repleuvoir. Que la pluie soit bénie! Elle s'abattra avec les oiseaux et les insectes du ciel. Avec les hirondelles de la Ka'ba* [2]*! Elle trempera la tapisserie, le fascicule du Coran qui reste fermé depuis si longtemps devant moi, le napperon poussiéreux sur la radio.*
Elle prit l'aiguière de cuivre toute proche, se versa un verre d'eau et le but. *C'est clair! Je me consume à rester toujours*

1. Particularité climatique de l'Anatolie Occidentale. *(N. d. T.)*
2. Allusion à la Sourate de l'Éléphant (Coran, CV, 3) : selon une tradition préislamique, des « nuées d'oiseaux » sauvèrent le Temple de la Ka'ba lors du siège de La Mecque par les Abyssins. *(N. d. T.)*

assise du matin au soir sur ce divan à regarder la cour, à écouter le sifflement des trains et les cris de la folle qui s'amuse avec les enfants!

Elle s'adossa lentement à un coussin sale brodé de fleurs, et à demi allongée, elle pensa à la poussière des rues qu'elle n'avait pas vues depuis des années.

Aïgueurène s'enfoncera dans la boue! La pluie de Miséricorde balaiera la pestilence des tuiles!

Elle frissonna comme si elle sentait des gouttes de pluie ruisseler sur ses joues creuses et exsangues. Elle se souvint de l'odeur de tuile qu'avait jadis la pluie quand le toit de leur vieille maison fuyait. Des visions de canards, de verreries azurées, d'un seau d'eau répandu sur le dallage la traversèrent furtivement. Elle pensa qu'elle devait se préparer pour la pluie. A grand-peine, elle réussit à laisser pendre hors du divan ses jambes gonflées par l'immobilité. Elle rajusta deux mèches blanches échappées de son voile. Puis elle plaça le pot de chambre en zinc à portée de sa main, tout près de la pochette renfermant le Coran.

Il faut recueillir l'eau de pluie. Comme Zemzem [1] *elle provient du Paradis. Mais s'il pleut beaucoup je risque de me noyer dans le Déluge!*

Elle tenta de se rappeler la prière que le prophète Jonas récita sans interruption quarante jours et quarante nuits dans le ventre de la baleine. Rien ne lui revint à l'esprit. Les lettres arabes de la phrase fourmillaient sur cette page défraîchie qui s'effritait au fil des jours. Elles se dispersèrent d'un seul coup dans le vide comme lorsqu'on casse une tirelire regorgeant de pièces de monnaie. Certaines, échappant à la confusion pesante des formes, s'ordonnèrent, d'autres s'engouffrèrent dans l'ombre au bout des mots tronqués.

1. Source sacrée de La Mecque. *(N. d. T.)*

Lâilahe illâ ente süphaneke inni küntü mi[1]...
La grand-mère essaya de rattraper les lettres en cavale dans les ténèbres. Elle réussit à en faire remonter quelques-unes à la surface comme lorsqu'on tire de l'eau d'un puits.
Lâilahe illâ ente süphaneke inni küntü minez za...

La phrase resta un moment suspendue dans le vide. Puis soudain les lettres s'enfuirent en pleine lumière dans toutes les directions, telles des fourmis, une fois ôtée la grosse pierre moussue qui leur servait d'abri.
Inni kün... ente... inni kün... J'ai oublié. Et si ce n'était que ça! Il y a des jours où je ne peux même pas prononcer la Formule de l'Unicité Divine[2]*. J'ai tout, tout oublié, la Prière de la Salvation, la Prière du Dénouement...*

Elle ne s'en fit pas pour autant. Elle oublia aussi qu'elle avait oublié les prières connues jadis par cœur. Elle se prit pour l'Arche de Noé filant sur les flots en crue et s'étira avec volupté. L'ancre était levée, elle avançait toutes voiles dehors, avec les girafes au cou frêle, les lions, les brebis!
Et les poissons? Le prophète Noé les a-t-il aussi accueillis dans l'Arche? Que sont devenus les poissons pendant le Déluge?

Son regard se porta sur le poisson de l'aquarium posé en plein milieu de la table. Les restes de nourriture tombés au fond ondulaient dans la réfraction de la lumière et se projetaient sur la table en une bigarrure de taches.

Quand le toit perd, le poisson rouge au fond de l'aquarium s'inquiète. Il gît au chaud comme un mort. Moi aussi je reste couchée comme une morte. Rien ne bouge. Dans la chaleur de

1. En arabe dans le texte. *(N. d. T.)*
2. Profession de foi des Musulmans. *(N. d. T.)*

la cour, refuge des pigeons, le poulailler vide sent mauvais L'eau de la pompe doit être écœurante comme du tilleul.

De sa place, elle pouvait voir les chiures de mouches sur la vitre, la cour où un nuage de pluie répandait son ombre obscure. Le nuage volait bas. Bientôt il irait s'empaler sur la Tour de l'Horloge qui se détachait lourdement en face, comme un fil à plomb. Elle faisait penser à un arbre enfonçant ses racines dans le sol pour échapper au vertige. Comme des taons, les chiffres romains restaient sur la chaux blanche sans bouger. De loin, on distinguait mal leurs formes. La grande aiguille indiquait toujours le même chiffre. Depuis des années, elle n'avançait ni ne reculait. Toujours avec son long bras paralysé au-dessus du V à demi effacé. Sur les murs de la tour, l'enduit blanc s'écaillait par endroits, on voyait apparaître des briques couleur de rouille. La grand-mère pensa au vent qui, une nuit d'hiver, avait emporté la petite aiguille de l'horloge et le toit de la maison voisine.

Je crus qu'à Aïgueurène pas une pierre ne resterait debout. Les gens du quartier s'entassèrent dans la mosquée au minaret nain. Le Hodja leva ses mains veinées plus haut que de coutume et pria : « Ô Seigneur, nous nous repentons! Le péché a proliféré. Épargne à Tes Créatures les calamités de toutes sortes ainsi que les tourments du Jugement Dernier! » Puis d'une seule voix, nous récitâmes les Prières Sacrées. Quand en pleine nuit je rentrai chez moi, j'eus peur de me mettre au lit. Péris[1] *et djinns pullulaient dans la maison. Je récitai trente-trois fois la Prière du Dénouement avec dévotion. Alors le Très-Haut me guérit de ma peur. Au matin, je me sentis sauvée. Si un tel vent pouvait souffler maintenant! S'il pouvait emporter ce toit au-dessus de ma tête! Ah! que je voie le ciel,*

1. Êtres fantastiques de la mythologie turco-persane. *(N. d. T.)*

les oiseaux, les nuages! Je ne peux même plus aller à la mosquée. Toute la journée assise, je regarde la cour.
En levant les yeux au plafond, elle vit la fissure noire telle un redoutable serpent du désert dressé au-dessus de ses pieds. Il était embusqué entre les planches que les carapaces d'insectes morts et les chiures de mouches avaient foncées. Elle se dit que la pluie, lorsqu'elle commencerait à tomber, s'infiltrerait d'abord par là, et elle voulut déplacer le pot de chambre.
Ça commencera par là. Goutte à goutte! Le serpent tirera la langue : floc floc!
Elle pensa à l'ombre d'un saule, aux pluies fraîches de printemps qui tombent l'après-midi pendant quarante jours. *Floc floc! Ensuite, progressivement, il pleuvra plus fort. La pluie ruissellera sur le globe de la lampe qui, en plein milieu du plafond, pend dans le vide au-dessus du poisson rouge, puis elle dégouttera sur le plancher. Nous serons trempés. L'eau lustrale lavera tout : la table, les chaises, la souricière que j'ai cachée sous le divan, le réveille-matin dont on ne se sert plus, et moi.*
Quand elle voulut placer le pot de chambre juste au-dessous de la fissure afin qu'il se remplisse plus vite, il glissa doucement de ses doigts tremblants et tomba sur le plancher avec un son criard. Il vacilla un peu, revint en arrière en traçant un demi-cercle, puis se renversa au bout du tapis. A ce moment précis, la grand-mère aperçut le chat. Il dormait, roulé en boule sur le tapis. Oubliant le pot de chambre, elle se rengorgea comme une dinde dans la direction du chat. « Fiche le camp sale bête! », voulut-elle crier. Elle fut ahurie par les quelques mots incompréhensibles, le profond gémissement qui sortirent de sa bouche. Des pensées du genre : ...le loup vieillissant devient la risée du chat... sale chat... au lieu de gratter le tapis, il ferait mieux de manger les pigeons..., lui vinrent à l'esprit.

Descendant des montagnes, le vent grimpa la côte d'Aïgueurène, et du dôme poussiéreux de la Tour de l'Horloge jusqu'au salon, dissémina quelques duvets, rescapés miraculeux du printemps. La grand-mère ne vit pas qu'ils étaient venus se coller sur la tapisserie. Elle regardait vaguement le chat. Cette fois le vent balaya la cour et fit pénétrer en masse par le carreau cassé la poudre blanche des fientes de pigeons, les vers qui infestaient le pêcher. La grand-mère, tout en cherchant les moyens de déloger le chat, pensait qu'il fallait lui effiler les poils comme à un tapis. A ce moment l'enfant entra en se faufilant par la porte entrebâillée et s'allongea en silence près de lui. Alors une langueur fraîche le saisit de partout. Le tapis s'étalait comme un pré dont les herbes foisonnent sous le soleil de la campagne. L'enfant sentit la fatigue marcher dans ses jambes à pas de fourmi. Fermant les yeux, il s'abandonna pour un temps à l'obscurité. Soudain l'image du plafond vira. Des milliers de lampes resplendirent, divisèrent l'obscurité, la lumière fut mise en pièces, l'espace s'emplit de formes brillantes qui en s'ordonnant, gagnèrent en netteté : blancs flocons de neige, fils jaunes s'amenuisant au point de casser. L'enfant, en serrant un peu plus les paupières, fit descendre des taches sombres dans les ténèbres. Les taches roulèrent, toutes rondes. Quand il remua les sourcils, des pelotes se dévidèrent. A nouveau, fils jaunes s'amenuisant au point de casser, blancs flocons de neige. Il eut beau relâcher un peu ses paupières afin de trouver de nouvelles formes, il ne put échapper aux fils s'amenuisant au point de casser. Il s'en lassa. Sur son visage, la satisfaction de trouver à chaque instant des jeux nouveaux se rétracta et resta tapie aux coins de ses lèvres. Il ressentit alors cette somnolence trouble, porteuse de formes qu'il ne pouvait pas changer. Puis le visage nerveux de son père lui revint à l'esprit. Il imagina que son père rentrait comme une ombre noire, alors qu'il était allongé sur le tapis. Un énorme chapeau, deux yeux fatigués. Tous les soirs il arrivait à la même heure. De ses mains tremblantes, il posait son chapeau sur la table avant de s'asseoir dans le fauteuil. Ponctuellement, comme le balancier de l'horloge. A six heures juste, quand la petite et la grande aiguilles, toutes raides, s'alignaient pour la deuxième fois. Il savait qu'il n'avait pas le droit de s'endormir en l'attendant. Il s'enfonçait dans une eau stagnante. Il se secoua, ouvrit les yeux. Algues... poils doux du tapis. Dans le demi-jour de la pièce, un nouveau monde immobile se colora. Il vit d'abord les fenêtres, l'une donnant sur la cour, l'autre sur la rue. Des nuages cendrés se rassemblaient dans le ciel. Le fauteuil du père, semé de violettes, la table, les chaises à pattes d'araignée. Comme tout était différent! Cette multiplicité des choses l'émerveilla. Son regard glissa sur la tapisserie au-dessus du divan. Près d'une source, deux cerfs gris à la ramure fourchue buvaient dans l'eau dormante. Derrière eux, la forêt, son silence profond, insolite, puis le sol cuivré commençant au pied des arbres. Il reconnut les duvets, pareils à de petits hérissons blottis dans la terre. Il sourit en pensant qu'ils ajoutaient une dimension nouvelle au paysage. D'ailleurs les objets du salon se transformaient tous les jours. Le globe bleuté de la lampe se couvrait de poussière, les pieds de la table, des chaises, se déplaçaient sans cesse. Seule la grand-mère ne changeait pas. Il s'étonna de son immobilité qui durait depuis cette lointaine nuit de neige, quand son père l'avait ramenée dans ses bras de l'hôpital. Peut-être pour la première fois, il était entré dans le salon sans ôter son chapeau ni secouer la neige de ses vêtements, puis l'avait déposée au bout du divan. Au même moment, le bruit de la pluie sur le toit se fit entendre. Quand il regarda les fenêtres, il vit que les gouttes ruisselant sur les vitres effaçaient tout. Le ciel, les nuages couleur de cendre fondirent. A l'autre fenêtre, l'image de la Tour de l'Horloge se déforma sur la vitre puis se liquéfia rapidement. A part une couleur transparente, on ne distingua plus rien. Ne resta que le blanc de la cassure. C'est une chance qu'il ne pleuve pas dans le salon, pensa l'enfant. Sinon tout fondrait : le fauteuil de mon père, le tapis et moi, la table, le poisson dans l'aquarium, et même ma grand-mère, assise sur le divan sans jamais sourire. En fait, il ne crut pas vraiment que sa grand-mère, figée comme une statue, pût fondre sous la pluie. Encore heureux qu'il y eût des toits! Toits à tuiles rouges d'Aïgueurène! Il toucha avec amour les poils doux du chat endormi. Il approcha ses doigts de la table. Elle était plus dure que les poils du chat. C'est une table, d'où sa dureté, pensa l'enfant. Mais ma main est douce, le chapeau de mon père aussi. La fenêtre s'est refroidie à présent, mon haleine est chaude. Cette proximité des choses l'émerveilla. Il regarda un moment sa main. La finesse de son poignet, les petites articulations de ses doigts étaient à lui tout comme les pieds de la table s'effilant peu à peu vers le plancher, ou le globe bleuté qui pendait dans le vide de la pièce. Il pensa qu'il était vain de sortir de ce monde connu dont les objets participaient à la même essence que lui. Il se rappela la ville qu'il voyait du sommet de la côte quand il jouait aux billes. S'étendant de l'autre côté de l'avenue, un amas infini de constructions bruyantes, gigantesques. Il ne connaissait pas bien la ville, mais la maison, la cour, la rue où il jouait, les enfants d'Aïgueurène lui étaient familiers. L'immensité de ce monde d'interdits dans lequel il vivait, l'effraya. Serrant le chat contre lui, il s'endormit profondément avec ses billes en poche.

La grand-mère avait fixé toute son attention sur le chat. Quand l'enfant entra et alla s'allonger sur le tapis, elle n'y attacha guère d'importance. L'ombre du nuage avait envahi le salon de part en part. Il y eut un moment où elle ne distingua même plus le chat. Elle pensa qu'il s'était peut-être caché sous le divan. Un sommeil profond, en accord avec le rafraîchissement brutal du temps, la gagna peu à peu. Elle s'abandonna au flou des couleurs qui s'éloignaient dans la lumière déclinante du jour. Soudain l'obscurité s'épaissit. Elle sombra dans le vide. Quand le père, rentrant du travail, posa son chapeau mouillé sur la table, il les trouva tous les trois endormis. Le chat, blotti contre l'enfant, avait enroulé sa queue autour de l'anse du pot de chambre. La grand-mère, la croupe étalée sur le divan comme du fromage trop fait, respirait difficilement. Il les regarda tous les trois à tour de rôle, puis, sans mot dire, s'assit dans le fauteuil et desserra sa cravate. Il resta ainsi, ses yeux las fixés au plafond. Il pensa aux grandes ailes des cigognes qui volent sous la pluie vers les sables chauds. La mère ouvrit la porte, entra dans le salon, et apercevant le père assis dans le fauteuil, commença à mettre la table.

L'enfant fut le premier à s'éveiller. Il promena un moment son regard lourd de sommeil sur le plancher. N'ayant pas vu à leur place habituelle les vieilles pantoufles en cuir de son père, il se ressaisit brusquement et se leva d'un bond. Le chat se dressa, puis s'étira en bâillant; il entra dans la cuisine par la porte entrouverte après avoir franchi le tapis à pas mesurés. Quand l'enfant s'approcha de la fenêtre, il vit le nuage de pluie prendre de la hauteur, les pigeons dans la cour sortir leurs têtes mouillées hors de l'abri et respirer l'air. La pluie avait cessé après avoir bien lavé la vitre. Il attrapa sa grand-mère par les bras, la secoua.

– Regarde grand-mère! Il ne pleut plus! Les pigeons s'apprêtent à s'envoler.

La vieille femme ouvrit grand les yeux d'effroi. Elle regarda un moment la cour d'un air hébété. Des gouttes scintillaient comme des perles sur les feuilles du pêcher. La cour tentait déjà de sécher sous le soleil inefficace du crépuscule. Des vapeurs indécises s'élevaient au-dessus du béton.
La pluie? Quelle pluie? Bien sûr... la pluie. Zut! Je dormais. Elle est tombée et repartie, qu'elle soit bénie! Les relents de la cour ont été balayés. Très bien, et puis quoi maintenant?
Elle chercha désespérément le pot de chambre. Ne le trouvant pas, elle appela le père :

– Ihsane! Donne-moi vite mon pot de chambre!

– Qu'est-ce qu'il y a mère? Tu en as besoin?

– Non mon fils, il ne pleut plus. Le toit a dû perdre. J'avais mis le pot de chambre à mes pieds pour recueillir l'eau et je n'arrive pas à le retrouver.

Le père vit le pot de chambre renversé sur le tapis. Il pensa qu'en définitive sa mère radotait complètement et fit un clin d'œil à sa femme qui mettait la table. « Elle tient parfois des propos plus sensés que les nôtres », chuchota-t-elle. Un coup de fusil tiré de près ébranla les murs lézardés.

– Tiens mère! Les soldats sont encore allés à l'exercice, dit le père.

– Qu'est-ce que j'en ai à faire des soldats! Qu'ils aillent au diable! Moi j'ai besoin d'eau de pluie maintenant.

Deux pigeons, en entendant le coup de fusil, s'envolèrent et vinrent se poser sur la fenêtre. Le plus petit s'approcha. Il voulut picorer des miettes de pain au bord de la plinthe. Son heure a sonné, pensa la grand-mère. Doucement, ses mains aux doigts épais s'approchèrent de la fenêtre. Quand le pigeon reconnut leur propriétaire, il retira brusquement son bec, ses ailes courtes découpèrent le ciel au-dessus de la cour et il revint au nid. L'autre s'envola d'un coup d'aile vers la coupole moite de la Tour de l'Horloge.

La peau de mes doigts a durci comme du cuir. Même derrière la vitre ils s'en rendent compte, les coquins!
Elle pensa qu'un jour ses doigts serreraient un cou gracile au duvet blanc comme s'il n'y avait pas de vitres et que toutes les fenêtres fussent ouvertes, comme s'il n'y avait rien sur terre que l'homme ne pût toucher en tendant la main. Elle avait déjà oublié l'eau de pluie et s'était mise à tempêter contre les pigeons qui sans arrêt bougeaient, se déplaçaient dans l'espace.
Les pigeons volent, les nuages aussi. Le pêcher dans la cour a des racines qui ont plongé dans la terre, droit vers les ténèbres. Le voudrait-il, il ne pourrait aller nulle part. Mais le Dieu Tout-Puissant m'a donné bras et jambes. Il y a des chemins, des rues. Tant de choses sont horizontales ici-bas! Allons en route! nous disent-elles sans cesse. Longs trains, chevaux, cars. Seule la Tour de l'Horloge ne bouge pas. L'arbre non plus. Ah! Et puis moi! Moi, ça fait des années que je reste immobile à la même place...

Assis à la table, l'enfant faisait des dessins sur les papiers épars oubliés par son père près de l'aquarium. Quoi qu'il dessine, tout s'anime au point de s'en aller. Un chat par exemple. Il bondit hors de la feuille, saute dans la cour, grimpe aux branches du pêcher, de là il franchit les hauts murs noirs de suie et se fond dans le soir. L'enfant dessine un oiseau. Il peint les ailes en bleu, les yeux en rouge. Et l'oiseau soudain s'envole vers la Tour de l'Horloge. Si c'est un arbre, il va au loin s'installer dans le jardin d'une autre ville. Parmi les mûriers noirs et les pruniers italiens. Il fleurit dès l'arrivée du printemps. En mettant la table, la mère pense aux motifs inachevés sur la brodeuse. Les feuilles de vigne, les volubilis grimpent sur le toit de la petite gare. En cette nuit froide, ils s'accrochent à la main glacée du chef de gare, immobile dans le vide. Le père regarde de son fauteuil le nuage de pluie s'élever peu à peu au-dessus de la cour. Il songe aux dauphins amis qui font la course avec les navires.

Le nuage s'en alla avant que la nuit ne fût tout à fait tombée. Alors un arc-en-ciel éclatant fit son apparition. Il s'installa avec ses couleurs aveuglantes au-dessus de la cour. Il se déployait à partir des premiers toits d'Aïgueurène jusqu'au soleil dissimulé derrière la Tour de l'Horloge. Le père ne le vit pas. La mère préparait le repas à la cuisine. L'enfant releva la tête des dessins qu'il avait faits sur les papiers épars de son père et regarda le ciel. L'arc-en-ciel, tout près de la fenêtre, semblait à portée de main. Si je passe par-dessous, je deviendrai une fille aux boucles blondes, aux mains teintes de henné, pensa-t-il. La grand-mère prit d'abord l'arc-en-ciel pour un oiseau multicolore. Mais voyant qu'il ne volait pas, elle se calma et sourit de joie. Elle ouvrit la bouche pour crier : « Sortez-moi! Je veux sortir! » A part un râle profond mêlé à des cris étranges qui rappelaient des gloussements de poule, aucun son ne s'échappa de ses lèvres entrouvertes. Alors seulement, elle comprit qu'elle était cette poule solitaire oubliée de longue date dans un coin de la basse-cour déserte, cette poule que depuis quelque temps elle voyait en rêve la nuit. Se dressant au beau milieu de la cour, elle tenta de voler après avoir rassemblé toutes ses forces. Elle battit des ailes précipitamment et retomba à la même place sur le béton nu sans avoir franchi les hautes murailles. Dans un dernier effort, elle souleva ses ailes trop courtes qui ne savaient plus voler, les agita plusieurs fois sans conviction, mais quand elle vit qu'elle ne pouvait même pas quitter le sol, elle rentra ses pattes sous son corps puis se coucha sur le béton tiède. Elle resta ainsi immobile au milieu de la cour sans jamais plus remuer les ailes.

Quand le père quitta son fauteuil et se dirigea vers la table, la tête affaissée de sa mère, son silence l'intriguèrent. Il s'approcha d'elle, lui toucha légèrement l'épaule. Alors, après avoir oscillé sur place une ou deux fois, elle tomba du divan et roula à terre comme un vieux platane qui s'abattrait en craquant. L'enfant et le chat accoururent les premiers au bruit. La mère, sortant de la cuisine, n'était pas entrée dans le salon que déjà le père avait bandé de son mouchoir la bouche grande ouverte de la morte.

1971

GRUAU PALACE

Nous habitions Gruau Palace. Ma mère, moi, et puis mon frère aîné. Mais lui, je ne l'avais jamais vu. Ma mère m'avait dit qu'une ou deux fois par an, il venait après minuit et repartait avant l'aube. Chaque nuit je le voyais en rêve marcher dans la ruelle bourbeuse de Gruau Palace, avec sa casquette rouge éclairée par une lumière morne, et son écharpe couleur d'algue étroitement serrée à son cou. Chaque nuit mon frère, sa casquette rouge sur la tête, passait devant la fenêtre et me montrait son visage jaune à travers la vitre embuée, avant de se fondre dans les ténèbres. Ensuite jusqu'au matin, les cheveux de ma mère n'en finissaient pas de blanchir. Je ne voyais rien d'autre, le même rêve se poursuivait au fil des nuits. Nous mangions du gruau à tous les repas. Peut-être que notre goût pour le gruau et non pas notre pauvreté en était la cause. Un jour, tandis que je jouais dans la rue, une tartine à la main, des enfants avaient surnommé la maison en bois où nous habitions Gruau Palace. Nous étions loin des autobus, des avenues goudronnées éclairées au néon, des filles aux beaux yeux qui le soir peignaient leur chevelure devant les miroirs des grands cafés. Quand nous faisions un bonhomme de neige, nos pyjamas dépassaient de nos pantalons. Comme tous les enfants du monde, nous accueillions joyeusement le soir. Nous pensions que la nuit nos morts montaient au ciel étoilé. Nous étions des enfants, et le ciel nous paraissait plus bleu le jour, plus proche de nous. Mais tous les soirs, le gruau couleur de safran et la pénombre se retrouvaient à notre table. Ma mère mangeait très peu et fixait d'un air absent le milieu du plateau.

Certaines nuits, en attendant que mon frère, la barbe toute givrée par le froid, passât devant la fenêtre, je me réveillais. Je voyais mon père, que ma mère ne m'avait jamais décrit, descendre l'escalier de bois à pas engourdis. Dans son long caleçon blanc, on aurait dit un spectre. Ce n'était pas un mort, il vivait avec nous, et la nuit, protégeait notre toit des malédictions. Sa baïonnette à la douille couverte de lichen était cachée au fond du grand coffre qui restait toujours fermé à clé dans un coin de la chambre, et que ma mère évitait même de toucher. Mais je n'avais jamais vu mon père en plein jour, dans la précision des couleurs et des formes. Quand je demandais à ma mère : « Où est-il? », elle essuyait avec son voile les larmes qui s'échappaient de ses paupières. « Il est au ciel, mon petit », répondait-elle. Je voyais alors une chaude nuit d'été dans tout son éclat, puis j'imaginais que mon père était l'une de ces étoiles clouées au ciel. Cette peur incertaine que j'éprouvais dans le noir hantait mon regard fiévreux. Je me dressais sur mon matelas et recherchais aussitôt la chaleur de ma mère qui dormait près de moi. Je grelottais sous le drap rapiécé. Le froid m'entraînait vers la fenêtre. Je regardais les pierres tombales, indistinctes dans l'obscurité. Mêlée depuis longtemps à la nuit, la petite mosquée près du cimetière, avec son minaret brisé, dormait informe. Les squelettes dansaient dans le ciel. Partout les visages des morts. Quand, effrayé par le noir, j'allumais la lampe, je voyais ma mère assise sur le divan, vêtue d'une robe de chambre où fleurissaient des belles-de-nuit écarlates. Dans la lumière blafarde de la lampe, elle tissait la patience. Son visage, comme caché derrière des rideaux, était tout blanc, le clair de lune inondait ses mains. Elle était épuisée, à croire qu'elle venait de quitter la danse des squelettes dans le ciel. La langue me collait au palais, et tandis qu'elle gagnait notre gruau quotidien avec ses yeux gonflés par la couture et l'insomnie, je l'aimais. Avec mes mains minuscules et mon esprit précoce, je n'arrêtais pas de l'aimer.

Dans notre maison à deux pièces, je recherchais les coins sombres. Mon grand-père demeurait toujours derrière la ligne que la mort avait tracée dans notre petite chambre. Les années, sans trêve, s'accumulaient dans l'obscurité. Plus elles s'accumulaient, plus mon grand-père s'usait sur ses livres. Chaque poil blanc de sa barbe était une ancienne solitude, tout près de lui le chat jaune contemplait ses mains aux veines bleues. Par la suite, mon père commença à prendre place juste devant lui. Quant à ma grand-mère, elle était loin derrière, son gros corps se défaisait avec les bruits venant de la rue. Peu à peu ceux qui séjournaient au-delà de la ligne se multipliaient, mes tantes souriaient derrière leurs lunettes noires.

Les années passèrent. Comme des hirondelles filant vers les montagnes un soir d'automne, les années passèrent sur le visage blanc de ma mère et sur mes cheveux blonds. Tout se logea dans un album à la reliure verte. Et la mort ne montra jamais plus son visage de ténèbres. De toute la famille, il me restait seulement une mère que je voyais tous les jours. Avec ses mains douces aux doigts épais, elle recueillait des miettes de pain sur les tissus. Chaque soir, assise sur le divan, elle ravaudait notre deuil. Les jeux dans la rue cessèrent, je commençai à aller au lycée. Gruau Palace s'était tout à coup dépeuplé! Deux petites pièces, une femme au visage rond, à la chevelure blanche, cousant sans arrêt sur le divan. Et puis un homme à la mine défaite, coiffé d'une casquette rouge, dont je rêvais la nuit, mon frère. Cette solitude me faisait peur. Le soir, quand je rentrais fatigué du lycée, je regardais avant de me coucher l'album à la reliure verte posé sur le coffre, ce gros coffre dans lequel se trouvait, non pas la baïonnette de mon père couverte de lichen comme je l'avais imaginé, mais le trousseau encore intact de ma mère. Dans son uniforme de soldat, mon grand-père était debout au coin d'une photo tachée. Avec ces mots écrits au-dessous : *Ahmet, né en 1885, mort en 1915.* Je me le représentais toujours comme un vieillard barbu, pourtant il avait trente ans à sa mort.

SEYFI, RESCAPÉ DES DARDANELLES : *En poursuivant l'ennemi qui battait en retraite, je l'ai découvert dans une tranchée. Sa tête semblait flotter sur les eaux de pluie. Le bleu de ses yeux grands ouverts se ternissait en même temps que le soir. J'ai trouvé dans sa poche une cigarette fraîchement roulée et un mouchoir sale avec la lettre A brodée au fil rouge.*

Sur l'une des pages du milieu, une photographie d'enfance de ma mère avec mes deux tantes m'attristait beaucoup. Ma mère ébauchait un sourire au-dessus de ses épaules où tombaient ses tresses. C'était un trait noir qu'une vie d'orpheline avait déposé sur deux petites lèvres. Mes tantes étaient debout à ses côtés, toutes les deux la dépassaient. On lisait leurs noms sous la photo : *Rabia, Saïmé, Aïché.*

LE SCAPHANDRIER MOUSTAFA : *« Pourquoi se donne-t-on la mort? », cette question m'a poursuivi après que j'eus remonté le corps. Le cadavre était couvert d'algues, mais quand je l'ai pris dans mes bras pour le ramener à la sur-*

face, j'ai vu que la lumière réfractée par l'eau appliquait sur son visage un jaune magnifique. C'était une femme fluette, aux doigts aussi fragiles que des coquillages.

DANS LA RUBRIQUE « FAITS DIVERS » D'UN QUOTIDIEN (23 novembre 1946) : *Après de longues recherches, on vient de repêcher au large de Koumkapi le corps de R. K... qui a mis fin à ses jours en se jetant du bateau « le Kadech » dans la mer. Bien qu'on ignore la cause de son suicide, on suppose qu'il serait survenu à la suite d'une dépression nerveuse.*

Ma tante Saïmé était la plus grande. Derrière elle se déployait un ciel couvert de taches jaunes que le temps avait déposées sur la photo.

EXTRAIT DU JOURNAL DE SELMA : *Aujourd'hui nous sommes le 3 mars 1953. C'est peut-être le jour le plus triste de ma vie. Nous ne verrons plus le visage de notre professeur de physique nous sourire à chaque leçon. Dans l'établissement, on a organisé une cérémonie funèbre digne de Madame Saïmé. Tout le lycée de jeunes filles d'Adana pleurait. Jamais je n'oublierai Saïmé Tezdjane qui nous a quittées sans avoir revu les arbres en fleur. Tant que je vivrai, je garderai en mémoire ses yeux pétillant d'intelligence derrière ses lunettes noires, son visage flétri qui tentait de sourire quand nous allions lui rendre visite juste avant sa mort...*

Les morts étaient si nombreux dans notre famille que j'avais peur de regarder longtemps dans l'album. Surtout mes mains tremblaient à l'idée que mon père, qui pour moi avait toujours eu des moustaches noires, surgirait devant moi complètement méconnaissable. Ma mère cousait, elle perpétuait inlassablement notre chagrin. Cela faisait peut-être des années qu'elle n'était pas sortie de Gruau Palace. Mes proches qu'enfant j'observais derrière la ligne que la mort avait tirée à travers notre chambre vivaient maintenant dans des photos fanées. Mais les seuls êtres qui respiraient vraiment, c'étaient ma mère et moi. Et puis mon frère que je n'avais jamais vu. Ma mère disait qu'une ou deux fois par an, il venait après minuit et repartait avant l'aube. Moi je m'ennuyais dans cette ville de province. Je voulais connaître des gens, effacer à tout jamais le visage blanc de ma mère, les photos fanées de l'album vert. Une nuit je rêvai que je mettais le feu à Gruau Palace. C'était une nuit tiède de printemps. Doucement je me dressai sur mon matelas. Une fosse obscure se creusait dans ma tête. La nuit pendait lourdement au-dessus de moi. La nuit de la petite gare, de l'unique avenue de la ville, des ruelles bourbeuses, des provinciaux dont je ne voulais même pas voir les visages. Ma mère me tricotait une calotte verte à la lumière de la lampe à pétrole. Sur son visage il y avait le jaune inquiétant de l'insomnie. Lentement je m'approchai d'elle. Nous nous toisâmes sans dire un mot. Elle avait compris. Elle me chuchota à l'oreille qu'elle n'abandonnerait pas Gruau Palace. Je la pris par la main et l'entraînai de force à l'extérieur. Tandis que nous descendions, l'escalier de bois ne grinça pas. Ayant remonté la mèche de la lampe que je tenais à la main, je la jetai sur la couverture du divan. En un instant tout s'embrasa. « C'est fini!, hurlai-je, les pleurs chaque nuit, les chagrins, les journées de province sombres et angoissantes. Le lycée, la grande avenue, Gruau Palace, c'est bien fini! Nous avons enfin échappé aux ténèbres. Gruau Palace n'existe plus! Les morts brûlent sur les pages poussiéreuses de l'album, ils seront tous effacés définitivement de notre vie. » Ma mère avait été effrayée par les flammes qui léchaient les murs noircis de la mosquée. Elle appuya sa tête contre moi. Je sentais son cœur palpiter dans ma poitrine. Les squelettes dansaient dans le ciel. Le cimetière était éclairé comme en plein jour. Après avoir laissé derrière nous les flammes envahissant la nuit, le cimetière, Gruau Palace qui brûlait en crépitant, nous

nous sommes dirigés, ma mère et moi, vers la lumière à l'horizon.

Le soir, alors que je me voyais passant toute ma vie face à une vieille femme en train de coudre, la mer que je n'avais jamais vue faisait une traînée bleu foncé sur les murs sales, décrépis, de notre chambre. Je n'aimais plus que ce bleu foncé, je regardais avec haine le visage de ma mère. Mon frère était officier marinier sur un vieux cargo dont les feux de côté verts et rouges s'allumaient la nuit. Dans les bordels des ports, il couchait avec des femmes aux gros seins, larges de hanches, puis, sous un ciel sans nuage, il appareillait vers les lointains. Me laissant seul dans cette maison maudite, en tête à tête avec ma mère, avec nos morts, il appareillait vers les lointains.

Une nuit à Gruau Palace, une de ces nuits pour moi toutes semblables les unes aux autres, je vis enfin mon frère. Ce n'était pas un rêve. Depuis bien longtemps il ne passait plus devant ma fenêtre avec sa casquette rouge et sa barbe mal rasée. Je savais qu'il avait vieilli. Ses tempes s'étaient sans doute dégarnies, peut-être même avait-il vécu du temps de mon père. Il avait dû connaître ma mère avant que ses longs cheveux blonds ne blanchissent. Je ne dormais pas, allongé sur mon matelas, j'observais ma mère du coin de l'œil. Elle cousait sur le divan. Le clair de lune semblait voiler d'une blancheur livide la fenêtre sans rideaux. Elle pleurait sûrement, je le devinais au tressaillement de ses lèvres. Une angoisse insensée m'agitait. Désormais certaines choses devaient changer, il fallait que le visage blanc de ma mère s'effaçât à tout jamais de ma vie. Me croyant endormi, elle me regarda un moment d'un air inquiet. Mes lèvres esquissèrent un piètre sourire. La nuit tombait à verse sur mon cœur. Je me composai à grand-peine un visage d'enfant souriant dans son sommeil. Ce jeu dura très longtemps. Puis ma mère éteignit la lampe, mais resta immobile à sa place. Tout à coup j'entendis frapper à la porte. La lampe charbonneuse se ralluma. Avec une légèreté de petit moineau, ma mère se dirigea vers la porte. Une ombre gigantesque apparut sur le seuil. Ensuite les ombres se confondirent sur le mur à demi éclairé. Un homme grand, mal rasé, entra en même temps qu'une odeur de tabac. C'était mon frère.

– Il dort? demanda-t-il en me désignant. Sa voix était grave et cassée.

– Ton frère rentre fatigué du lycée. Il s'endort de bonne heure.

Ma mère l'aida à retirer son caban.

– Ne le réveille surtout pas, dit mon frère, regarde comme il dort bien. On dirait un enfant qui rêve.

Lentement, une mer bleu foncé se profila sur le mur. Me parvint une odeur que je n'avais encore jamais sentie. Ma mère ôta le caban du cintre et le posa dans un coin de la chambre.

– Il sent l'algue. Il me donne la nostalgie de toi.

Je fus submergé par le désir de me lever, de respirer le caban jusqu'à l'ivresse. Je me retins difficilement. Puis, peu à peu, les voix se firent plus basses. Les chuchotements s'éteignirent progressivement. Je me souviens des derniers mots que mon frère prononça, avec dans les yeux la fatigue infinie de la nuit :

– Les amis attendent. Il faut que j'arrive à temps au bateau.

Quand j'ouvris les yeux, ma mère dormait près de moi. Je me levai sans faire de bruit, m'habillai. Les vagues jouaient sur le mur dans la lumière du jour. Je regardai ma mère. Me tournant le dos, elle dormait. « C'est fini », pensai-je. Au-delà de ses cheveux désormais tout blancs, se dessinait le visage d'une morte, déserté par les souvenirs. Je refermai derrière moi la porte de Gruau Palace.

Dehors il faisait froid. Il y avait dans l'air un silence de neige, je le devinais aux nuages qui viraient au noir. Je passai devant un mendiant matinal. Deux moineaux m'épiaient depuis le mur de la mosquée. Soudain la neige se mit à tomber. Une neige molle, lente. J'enfonçai mes mains dans les poches de mon pantalon. Le cœur de ma mère ne battait plus dans ma poitrine. Je marchai jusqu'au moment où je sentis de nouveau l'odeur d'algue.

1969

En guise de conclusion :

« [...] avec ce type de société s'achève donc la préhistoire de la société humaine. »

Karl Marx

NOTE

Les traductrices tiennent à exprimer leur profonde gratitude à l'auteur qui a bien voulu revoir leur travail avec beaucoup de patience et de minutie. Il a lui-même suggéré quelques modifications par rapport au texte original en turc.

BIBLIOGRAPHIE EN FRANÇAIS

Un long été à Istanbul, Gallimard, coll. Du Monde entier, 1980.
Les lapins du commandant, Messidor/Temps Actuels, 1985.
La première femme, Le Seuil, coll. Méditerranée, 1986.
Le dernier tramway, Le Seuil, coll. Méditerranée, 1991.
Nazim Hikmet et la littérature populaire turque, L'Harmattan, 1987
Istanbul, un guide intime, Éd. Autrement, 1989.
Littératures turques, Adri, 1990.

Ouvrage reproduit
par procédé photomécanique.
Impression S.E.P.C.
à Saint-Amand (Cher), le 26 décembre 1991.
Dépôt légal : décembre 1991.
Numéro d'imprimeur : 2699.
ISBN 2-07-072529-4./Imprimé en France.

54694